いま金を買わずしていつ買うのか！

東京五輪後の危機に備える資産防衛法

横浜総合FP事務所代表
植田 進

自由国民社

・本書では特に断りのない限り、「国際金価格」とは「ＮＹ金先物価格」を指し、「国内金価格」とは「東京金先物価格」を指しています。
・金投資には投資元本が元本割れするリスクがあります。
・本書は投資に関する参考情報の提供を目的としたものであり、特定の金融商品等に対する投資勧誘を目的としたものではありません。本書の情報に関しては万全を期すよう注意を払いましたが、内容を保証するものではありません。本書の情報を利用した結果生じたいかなる損害、損失についても、出版社、著者、本書制作の関係者は一切の責任を負いません。投資判断はあくまでご自身の自己責任でお願い致します。

いま金を買わずしていつ買うのか！

私が金市場と向き合ってからすでに15年以上が経過しようとしています。その間私は、2000年ごろからスタートした国際金価格の10年以上にも及ぶダイナミックな長期上昇トレンドの度迫力にただただ圧倒されるばかりでした。

その一方で金市場は、1トロイオンス：1923ドルの史上最高値を示現した後は多聞にもれず下落に転ずることとなり、2019年秋でまる8年にも及ぶ長い調整局面が続いてきました。こうしたことからマーケットでは、金市場のダイナミックな上昇局面がすでに終焉を迎えているのではないかと考える市場参加者も少なくありません。

しかし私は、少なくとも金市場については、そうした見方に組みしない立場をとる一人です。なぜならば今後も折りにふれて、金市場がもつ「マーケット・バリュー」(市場価値)が発揮される局面が繰り返されるであろうと考えているからです。この地球上から一切の政治的・経済的な不安や対立がなくなることはないからです。

ところで私は、これまでに金投資に関する4冊の書籍を執筆してきました。このためどうしても記述の内容が似かよってきたり、新しい切り口が見出せなかったりと、多少のはがゆさを感じることも少なくありません。したがって今回の5冊目となる本書では、冒頭からいきなりこれまでの金市場と今後の行方といった世界に誘うことにより、いやがうえにも読者の皆様方の金に対する関心を喚起させて頂こうと考えました。

2019年6月現在、2015年12月のFRBによる利上げ開始の際の瞬間的な安値である1トロイオンス：1045ドルを除けば、国際金価格は1300ドルを挟んだ1200ドルと1400ドルとの間の「ボックス圏」の動きで推移してきました。そろそろ7年以上にわたる調整が終わって、いつ上昇に転じてもおかしくはない状況にあります。

そしてこのボックス圏の上値である1トロイオンス：1400ドルを上放れてくるときこそが、新たな上昇トレンドのはじまりになると考えておくべきでしょう。また円安基調が徐々に定着しつつあることから、一時的にせよ国内金価格も1g：5000円に接近する動きを見せたりもしています。

金は一度動き始めると、一気に走り出す傾向があります。まさに「安値にある今買わずして、いつ買うのか？」という気さえしてきます。

これまでの金市場は、一見すると上下どちらに向かうのかがはっきりとせず、これからも方向感の定まらない状況が続いていくようにも感じられます。しかし以下のような理由から、私は依然として現在の金市場が10年以上も続いてきたあのダイナミックな上昇トレンドの延長線上にあることを確信しています。

①金市場のダイナミックな上昇トレンドは終わっていない

国際金価格は、2011年9月に1923ドルの史上最高値をつけた後の約8年にも及ぶ下落・調整局面において、ただの一度たりとも、2008年3月初の1000ドル大台乗せの際の「1033ドル」という当時の最高値を下回ることはありませんでした。

※仮にこの1033ドルを大幅に下回っていたとしたら、あの10年以上も続いたダイナミックな上昇トレンドはとりあえず終焉を迎え、相場の新たな出直しを余儀なくされていたにちがいありません。

※したがって逆に1033ドルを一度も下回ることなく調整を続けてきたということは、依然としてあのダイナミックな上昇トレンドが続いていることを意味しています。この1033ドルという数字はそれほど大きな意味をもっているのです。

②ダイナミックな上昇トレンドにもかかわらず調整が長引いた理由は

それではなぜダイナミックな上昇トレンドが8年ちかくも調整局面に甘んじてきたのでしょうか。お話しは1980年に遡ります。

私は、あの1980年の史上最高値である「875ドル」から、1999年の「25

3ドル」(底値：大底)までの下落幅(622ドル)の「倍返し」が、次の新しい上昇トレンドの高値の目安と考えていました。私は、多くの金投資セミナーや書籍、マネー雑誌などで、こうした考え方を多くの方々にお話ししてきました。

※つまり253ドル(大底)+622ドル(下落幅)×2(倍返し)=1497ドルということになります。

※ところが比較的短期間のうちに私の予想を大きく上回る1923ドルの史上最高値をつけたことにより、逆にその後の調整局面を予想以上に長引かせる結果となってしまったと考えています。

※仮に予想通り1500ドル近辺を最高値として調整に入っていたとすれば、2013年から2014年にかけての三度にわたる1200ドル割れで「底入れ」を完了していた可能性が高かったと考えています。こうした買われ過ぎが、逆にその後の調整を長引かせたという典型的な1つの例ではないでしょうか。

③ 2015年12月の米国の利上げ転換の際の「1045ドル」の意味とは

それでは1923ドルの歴史的高値の後の下値のメドをどう考えたらいいのでしょうか。結論からいえば、1999年の安値253ドルから1923ドルまでの上昇幅の「2分の1」だけ下落した水準(2分の1押し)ということになります。つまり1923ドルー(1923ドル－253ドル)÷2＝1088ドルが下値の目安というわけです。

そもそも金には利息がつきません。したがって金市場は、「利上げ」に弱くネガティブ（マイナス）に反応するケースが多くなります。

その結果として、先の2013年から2014年の三度にわたる1200ドル割れ（トリプルボトム？）の際の安値を簡単に下回って、瞬間的にせよ1045ドルという安値をつけてしまったというわけです。

④ これからはじまる上昇トレンドの高値の目安はどのくらいか

次に今後の上昇局面の高値の目安としては、2011年の史上最高値である1923ドルから、2015年の史上最高値の後の最安値1045ドルまでの下落幅（878ドル）の倍返しが1つの目安ということになります。

※つまり1045ドル（大底）＋(878ドル（下落幅)×2（倍返し))＝2801ドルということになります。

⑤ 今後の金市場をみる際にはどんな点に留意すればいいのか

これまでの国際金価格は、米国の利上げの発表の際の一時的な下落による安値（1045ドル）を除けば、約4年間にわたり1200ドルと1400ドルの間の「ボックス圏」に甘んじてきました。

※したがって1400ドルを超えて上放れてくるようなら「上昇トレンドへの転換」、逆に1200ドルを下放れてくるようなら「下落トレンドへの転換」を意味すると考えていいでしょう。

⑥ 現在のNY金価格をどうみたらいいのか

ここにきて国際金価格は、1200ドルと1400ドルの「ボックス圏」にあるとはいえ、よく目を凝らして見ると「下値切り上げ型」のミニ上昇トレンドを形成しつつあることがわかります。

つまり1400ドルの水準を上辺とし、下値を徐々に切り上げている斜辺とから「三角形」を形成しつつあることがわかります。このようなパターンを下値切り上げ型の「三角持合い」といいます。このパターンは、いずれ上方に大きく上放れてくるシグナルと考えて一向に差しつかえありません。

ところで世界的な景気後退懸念やトランプ大統領の金融政策への強力な介入姿勢などもあり、ここにきてFRBのパウエル議長は、金市場にマイナス要因となる一連の「引締め政策」（利上げ）に「終止符」を打たざるを得なくなっています。それどころか2019年後半には利下げ局面さえあるのではといった見方さえ浮上しています。

こうした中、米中経済戦争の激化、米国とイランとの対立激化、世界的な巨額の債務の拡大など、金市場には強力な追い風となる材料が山積していることも事実です。

一方、日本国内では10月から消費税が10％に引き上げられます。こうした内外の情勢次第では一気に「第3次金投資ブーム」が到来することも予想されます。

読者の皆様方もぜひとも自分に合った金投資の方法を見つけるようにして下さい。

私は本書を通じて、金投資の必要性や資産防衛のためのヒントを提供させていただくとともに、読者の皆様方の「安心感のある資産形成」に微力ながら資することができればと考えています。

２０１９年7月

植田　進

第1章 いま金を買いたくなるこれだけの理由

01 金（Gold）は無価値（ゼロ）になることはない……018
★金は「ペーパー資産」とは異なり、実物そのものに価値がある

02 有事の際に最も頼りになるのは金しかない……020
★金は紛争・戦争といった不測の事態でも安心感と保険機能を発揮する

03 金はインフレにもめっぽう強い……022
★インフレと円安は国内金価格の上昇要因となる

04 金は燃えない資産だからこそ安心できる……025
★金の品質は不変で火災でも焼失することはない

05 金は分散投資に最適の実物資産である……028
★分散投資ポートフォリオには金も組み入れて資産を保全する

06 金は中長期的に大きな値上がりが期待できる……030
★金の次の高値目標は2000ドル突破にある

07 金はペイオフ対策としても絶対的な強みがある……032
★天災（ペイオフが実施されるような事態）は忘れた頃にやってくる

第2章 金価格の動きと金投資の始め時

01 これまでの金価格の動きをおさらいしよう……036
★変動率（ボラティリティ）の大きさこそが金市場の最大の魅力

02 国際金価格の最安値（底値）水準は１０４５ドル……046
★まだはもうなり――下落ばかり考えていては買い損なう

03 新たな上昇トレンドで史上最高値の更新も……052
★国際金価格は２５００ドル、国内金価格は円安効果で１万円を狙う？

04 財産五分法で資産の20％を金にする……057
★安値圏で買って高い配分割合にするからこそ大きな利益が得られる

05 迫り来る「国債パニック」にどう対応する？……062
★財政・経済状況を正確に把握しつつ注視していく

06 どうせ買うなら消費税率引き上げの前に買う……068
★消費税率は２０１９年10月から10％に引き上げられる

07 金投資はもはや富裕層だけのものではない……071
★小口の金投資なら「ドルコスト平均法」が一番安心

08 日本が武力紛争当事国となる日がくるかもしれない……074
★たった1枚の金貨が自分と家族の命を守ることもある

第3章 金の持つ資産防衛機能（保険機能）で金融危機に備える

01 厳しい難局が予想されるこれからの時代……080
★想像もしなかった悲惨な時代が待っているかもしれない
02 出口戦略の見えないアベノミクスで強烈な逆風も……082
★金融緩和は一歩間違うと悲惨な状況を招く
03 しのび寄る世界経済危機の足音……088
★世界の債務がこの10年で4割増と急増している
04 消費税は10%どころか20%の時代がやってくる……092
★金取引は消費税率の大幅引き上げにも対抗できる
05 米国債務上限問題で米国債が格下げになる?……095
★Ba（BB）以下はデフォルトの一歩手前

第4章

金価格の変動要因と注目ポイント

06 貿易・経常収支の赤字は金投資には追い風……099
★稼ぐ力がさらに弱くなると日本の円は下落が加速する

07 金投資なら預金封鎖（新円切替）にも対応できる……105
★いずれ政府は巨額の公的債務残高の削減策に打って出る？

01 金はこれまでにどのくらい生産されたのか？……110
★金の地上在庫の推移と金価格を大きく左右する需要項目

02 今や新産金生産では中国がトップを独走中……114
★新産金生産量は安定的に年3000トンを超える

03 金の消費は中国とインドで世界の半分を占める……118
★二大人口大国が金の分野でも存在感を示す

04 公的保有金の動向も金価格に大きく影響する……124
★断トツの1位は米国だが近年は中国やロシアの増加が著しい

05 差益狙いの金投資需要は今後も拡大基調にある……130
★投資需要には金地金・金貨・金ETF・金先物取引などがある

06 金ＥＴＦの資産残高は長期資金の動向を映し出す……132
★巨額の金を保有し売買する金ＥＴＦの動向は金価格に大きく影響する

07 鉱山会社の産金コストは金価格の底値目安になる……136
★国際金価格の底値は産金コストの水準を大きく下回ることはない

08 中国で経済的有事が起こると金価格は跳ね上がる……140
★もし中国で大規模なデフォルトが起こるとリーマン・ショック級の混乱も

09 国際金価格が一定水準ならドル円相場の変動に注目……144
★円建ての国内金価格には１ドルよりも１円の変動が大きく影響する

第5章 金の買い方・売り方・投資の基礎知識

01 金は世界の五大市場を中心に取引されている……150
★ＮＹ市場（先物取引）とロンドン（現物取引）が中心

02 金価格には国際金価格と国内金価格がある……153
★国際価格は１トロイオンス単位のドル建て・国内価格は１g単位の円建て

03 金地金の取扱業者と買い方の留意点……155
★実物資産である金には証券投資にはない特徴と留意点がある

04 金地金の保管と売り方の留意点……164
★自宅保管は盗難に注意。業者の保管サービスは詳細までよく検討すること

05 地金型金貨（コイン）の取引と保管方法の留意点……174
★金貨は購入時に鋳造費が上乗せされるが売却時にはプレミアムとなる

06 純金積立でコツコツと資産をつくる……181
★月々千円といった少額から始められ金地金や金貨にも交換できる

07 金先物取引は短期の値動きをねらう商品先物取引……187
★売りもでき、レバレッジもきく取引だが初心者向きではない

08 金ＥＴＦなら株式と同じように手軽に取引できる……191
★投資対象が金地金か有価証券かなど商品性をよくチェックすること

第6章 金投資にかかる税金を知ろう！

01 金価格にかかる消費税は売却時には手元に戻る……202
★一般の個人でも金の売却時には消費税を受け取れる

02 金地金・地金型金貨と純金積立の税金……205
★金を売って利益が出たら原則確定申告することが必要

03
金ＥＴＦの税金は上場株式と同じ申告分離課税……212
★上場株式と同様に特定口座やＮＩＳＡ口座も利用できる

04
知っておきたい金投資と相続・贈与……214
★平成27年1月から相続税制・贈与税制が改正された

第1章

いま金を買いたくなるこれだけの理由

01

金(Gold)は無価値(ゼロ)になることはない

★金は「ペーパー資産」とは異なり、実物資産そのものに価値がある

1835兆円(2019年3月末)にのぼる日本の個人金融資産の過半は、安全な「預貯金」に滞留しているというのが現状です。それは激しいインフレで預貯金の価値が大きく目減りするといった経験がなかったことも影響しているのかもしれません。

しかし近年、いやがうえにも資産防衛に対する意識を高めざるを得なくなっています。

株式や債券には発行体の信用リスクがある

一般的に、企業が倒産(破綻)するリスクを「**信用リスク**」といいます。ながびくデフレ時代にかぎらず、いつの世でも倒産する企業は少なくありません。しかし企業の倒産(破綻)は、その企業が発行する株式の価値をゼロにしてしまうほか、その企業が発行する債券(社債)の元利金の支払いにも大きな影響を及ぼすことになります。

近年では、上場基準のゆるやかな新興企業向け市場が拡大したこともあり、上場企業の倒産(破綻)も珍しくはありません。今後も十分すぎるほどの注意が必要となります。

◆国債や通貨も国家の信用リスクがある

破綻するのは企業だけではありません。ながびく超低金利の下、現在も低格付けで高利回りの外国債券が人気ですが、かつて人気を博したアルゼンチン国債やギリシャ国債は元利金の支払いが停止される「デフォルト」（債務不履行）の洗礼を受けた結果、多くの投資家が損失を被りました。また、90年代前半のブラジル、今年のベネズエラのハイパーインフレや、1997年から1998年にかけてのアジア通貨危機・ロシア危機などの例が示すように、各国の通貨もその価値を大きく下落（減価）させてしまうこともあります。

つまり**国債も通貨も、その発行体（国）の信用リスクをとっている**というわけです。

金は実物資産であり信用リスクはない

このようなことから、多くの投資家は、まるで紙切れのように資産価値が簡単にゼロになってしまったり、大きく目減りしてしまうような従来型の資産ではなく、**金地金やコイン**といった新しいカテゴリーの資産に対する関心を高めざるを得なくなりました。

そもそも金は株式や債券のようなペーパー資産とは異なり、盗難にでもあわない限りその価値が消えてなくなることはありません。多くの投資家は、このような金がもつ「実物資産」としての「安心感」に魅力を感じはじめています。

02 有事の際に最も頼りになるのは金しかない

★金は紛争・戦争といった不測の事態でも安心感と保険機能を発揮する

どこへでも持ち運べて、世界共通の価格でいつでも自由に換金できるという特徴は、金の利便性や魅力の1つといえます。もっとも国内での金の持ち運びは自由に行えますが、海外への持ち出しや海外からの運び入れの際には、くれぐれも所定の手続を忘れないようにしてください（1kg超の地金の持ち出しは**外為法**により税関への届出が必要です）。

いつ起きるかわからないからこそ「不測の事態」

ところで過去をふりかえれば、ちょっとした偶然のイタズラや外交上の不手際などから不測の事態が繰り返されてきたことは歴史が教えるところでもあります。

ここにきて、米中ソの三つどもえのパワーバランスの下、再び朝鮮半島で緊張の度合いが高まりつつあります。日本は今まで以上に紛争の当事国となる可能性が高まりつつあるように思えます。特に尖閣列島をめぐる中国との軋轢などは大きな**地政学的リスク**といえます。最悪の場合、日本の国土の一部で武力衝突が起こることもないとはいえません。

そもそも日本は島国であることが幸いし、外国からの侵略の脅威とはほとんど無縁でした。また日本人は、お人好しで危機感に乏しい民族ともいわれます。一方、他国との戦争や自国内での紛争・内乱を繰り返してきたアジアやアフリカ諸国の国民は、**日本人にはない金に対する特別の思い入れ**をもっています。

というのは彼らは自国の通貨を信用していません。紛争や戦争の最中に家族ともども無事に逃げのびることができたとしても、自国の通貨はほとんど何の役にも立たないことをよく知っています。彼らが本当に「最後の拠り所」(ラスト・リゾート)と考えているのは、金を置いてほかにはないからです。

◆5gの金がパンや水の代わりになることも

ところで、2019年4月から**出入国管理法**が改正され、政府は日本の少子高齢化や労働力人口の不足を外国人労働者の受け入れで補おうとしています。こうした政策は多様な歴史的背景や価値観をもつ人々が日本国内に半ば自由に出入りできるようになることを意味するもので、雇用の奪い合いなどの軋轢を生んだり、テロ組織の国内潜入に利用されることも考えられます。

これからの日本がどのような地政学的リスクと向き合うかにかかわらず、心の拠り所となる金を保有しておくことは必ずや安心感につながることでしょう。

03

金はインフレにもめっぽう強い

★インフレと円安は国内金価格の上昇要因となる

そもそも日本では、戦後の混乱期や1970年代のオイルショックのときを除けば、意外なことに本当のインフレーション（物価の大幅な上昇）の怖さを経験していません。むしろデフレが長く続いてきたことから、日本人は頭の中でインフレのイメージを理解はしていても、金投資を資産運用の対象とするという考え方はありませんでした。

ところでインフレという言葉から連想するのは、**インフレ率（消費者物価上昇率）が預貯金金利を上回り、貨幣価値を大きく目減りさせる**という点です。特に悪性のインフレは、その国の景気・金利・為替などにも悪影響（金利の急上昇・景気後退・通貨の下落）を及ぼし、経済構造にも大きな打撃を与えてしまうこともあります。

急激なインフレは国民生活を直撃する

例えばブラジルでは、90年代前半には年1000%を超えるハイパーインフレを経験しています。このハイパーインフレは、現在の通貨であるレアルの導入で1995年頃には

●図1-1　ブラジルの政策金利とインフレ率の推移

（政策金利：2013年１月31日～2019年3月21日）
（インフレ率：2013年1月～2019年12月）

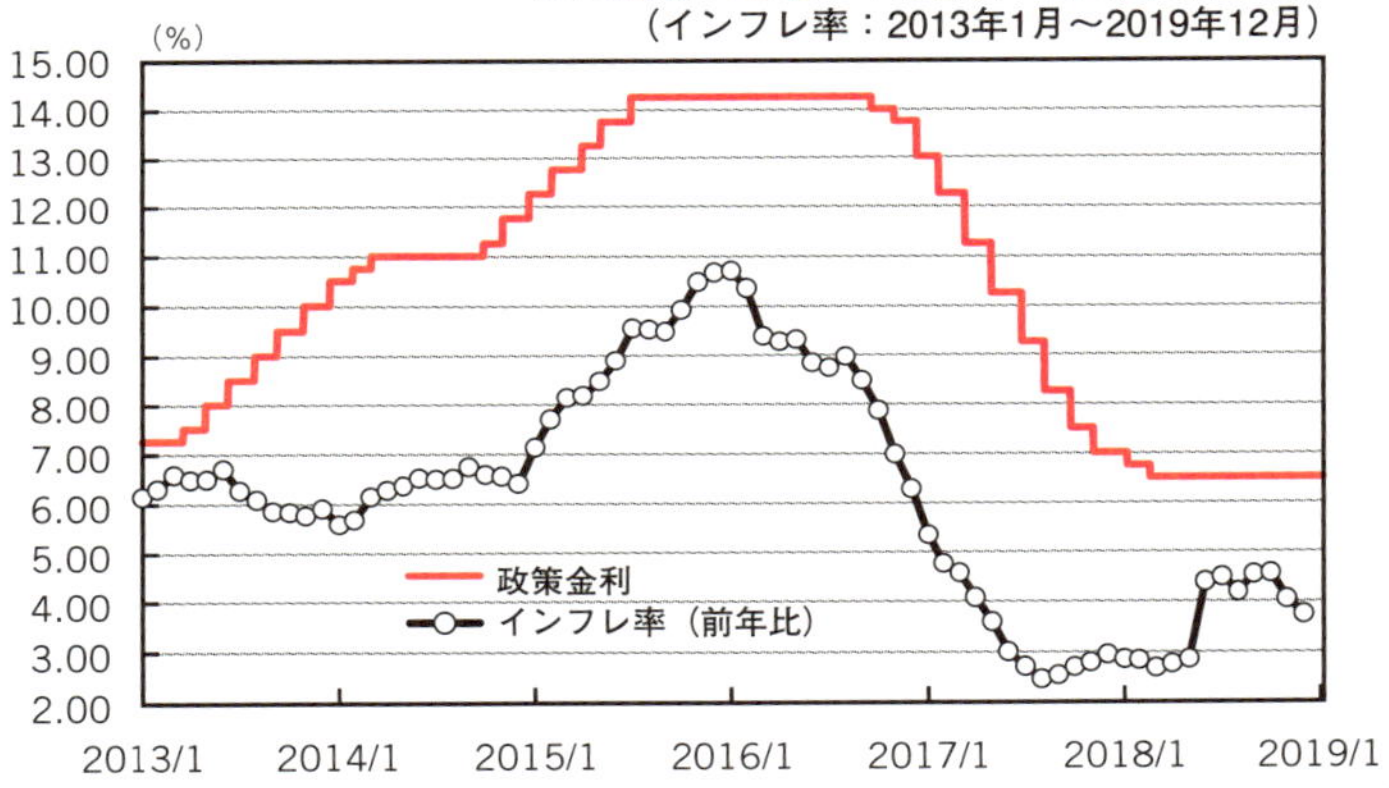

出所：「Market Letter（2019年３月22日）」大和投資信託より抜粋

収まりましたが、新興国故に近年もインフレ率は概ね年5％程度と高水準にあります。

ここ5年ぐらいの間をみても、２０１４年のワールドカップや２０１６年のリオデジャネイロオリンピック開催の影響もあり、ブラジル中央銀行は過熱した景気や高いインフレ率を抑制するため、自国の国内景気を犠牲にしてまでも連続して10回以上もの金利の引き上げを行ない、10％超のインフレを終息させています。

物価上昇に賃金や金利が追いつかない

仮に日本で急激なインフレが進行すると、たとえ預貯金や公社債などの金利水準（名目金利）が高い状態にあっても、その時々のインフレ率を差し引いた後の金利（実質金利）

は低くなってしまいます。またこの実質金利（名目金利－インフレ率）はマイナスになることもめずらしくありません。こうした状況下では、日本国内の投資資金は、より有利な投資先を求めて海外へと流出しやすくなります。その結果、円は売られやすく通貨安（円安）の傾向を強めるようになります。

また円安は、**海外から輸入するモノの値段の上昇要因（輸入インフレ）**にもなります。そして日本の輸入インフレが激しくなると、悪い物価上昇↓国内の景気後退↓悪い金利上昇↓悪い円安といった負の連鎖が日本経済を一段と悪化させることにもなりかねません。

こうした事態こそが、今後の日本経済の先行きに最も懸念されていることです。

金はインフレヘッジ商品としても代表格

ただ日本がこのような悪い状況に陥った場合でも、金がもつマーケット・バリューが大きな威力を発揮することでしょう。国内金価格は、その時々のドル建て国際金価格に基づき、その時々の為替レート（ドル円レート）により計算されます。国際金価格を一定とすれば、**国内金価格は円高になるほど下落し、逆に円安になるほど上昇する**ことになります。

このように金は単にインフレによる貨幣価値の目減りをヘッジするというだけではなく、悪いインフレや悪い円安に対しても大きな威力を発揮することになります。

04 金は燃えない資産だからこそ安心できる

★金の品質は不変で火災でも焼失することはない

読者の皆様は金地金を手にとってみたことがあるでしょうか？　こうした経験のない方は、是非とも一度、地金商や商品取引会社の店頭などで体験してみることをお勧めします。少し大げさなようですが、人生観や価値観が大きく変わるかもしれません。

金はきわめて比重の高い貴金属（**水の約19倍**）で、手にとってみるとズッシリとした重厚感がとても印象的です。まるで自分が富裕層の仲間入りをしたような心豊かでなんともいえない安心感をかもし出してくれますし、なんとも不思議な気持ちにさせられます。

金は何千年を経ても品質が変わらない

ところで金は化学反応が非常に起こりにくい、きわめて安定した金属です。エジプトのツタンカーメン王の**黄金マスク**や世界遺産となった**中尊寺金色堂**などの例でもわかるように、金は何千年たっても腐食もせず錆びもせず、品質が変わりません。そのうえ柔らかいため加工もしやすく、紀元前の昔から**装飾品**や**金貨**にも利用されてきました。また料理の豪華さを出すための演出にも**金箔**が使われているように、人体にも無害という稀有な金属なのです。

金は火災にも強い

また金は少々の火災ぐらいでは、燃えることはありません。金の融点は摂氏１０６４度と高く、この温度にならなければ溶けることもなく、また溶けたとしても冷えれば固まって品質は変わりません。沸点（蒸発する温度）は２８５７度とさらに高く、通常の火災では蒸発してなくなってしまうことはまずありません。

このように金には**不燃性**という他の金融資産（ペーパー資産）にはない特殊性があり、いつまでも安心して子々孫々にわたり保有し続けることができるというわけです。このようなことから、常に大災害や天変地異と隣り合わせにある私たち日本人にとっては、まさに格好のリスクヘッジ商品であるともいえます。

ただ、実物資産である金は、価値がゼロになることもありませんが、**盗難のリスク**にだけには十分な注意が必要になります。

なお、金の保管方法については１６４頁から解説しています。

●図1-2　金（Gold）の特徴と表示方法

主な金属の特徴

	金	プラチナ	銀	鉄
元素記号	Au	Pt	Ag	Fe
比重	19.30	21.37	10.50	7.86
融点	1064℃	1769℃	962℃	1536℃
沸点	2857℃	3827℃	2162℃	2863℃

金地金の表示方法

純金（K24）→ 純度99.99%以上をいう

※Kはカラット（質量）のこと。

100% ÷K24≒4.17 → 1Kは約4.17gの金

表記	金の含有量	主な用途
K24（純金）	99.99%以上	ゴールドバー、地金型金貨
K22	91.7%	日本より海外で広く見られる。ジュエリーなど
K23	94.4%	金箔など
K18	75.0%	指輪、ネックレスなどのジュエリーなど
K14	58.5%	万年筆のペン先など
K10	50.0%	様々なアクセサリーなど

05 金は分散投資に最適の実物資産である

★分散投資ポートフォリオには金を組み入れて資産を保全する

「卵を1つのカゴに盛るな」という諺があります。複数のカゴに卵を分けて入れておけば、テーブルから1つのカゴが落ちたとしても、そのカゴの中の卵だけが割れるだけで済みます。つまり最悪の場合でも、**損失を限定することができる**というわけです。

分散投資で資産全体のリスクを軽減する

そもそも「分散投資」とは、特徴の異なる金融資産を組み合わせて保有することで、その資産全体の一方的な損失リスクを軽減することです。そして資産ごとのリバランス（資産構成の見直し）も考えながら、中長期で資産全体を安定的に殖やそうとする考え方でもあります。ここでは金を単なる1つの分散先として考えるという意味ではありません。

次に「特徴の異なる資産」とは、株式市場などの主要マーケットの変動に対して、値動きが「反対」になるような資産のことです。こうした対応により、資産全体が同じ方向に変動することによる一方的かつ大きなマイナスの影響を回避できるというわけです。

●図1-3　分散投資ポートフォリオに金を組み入れる例

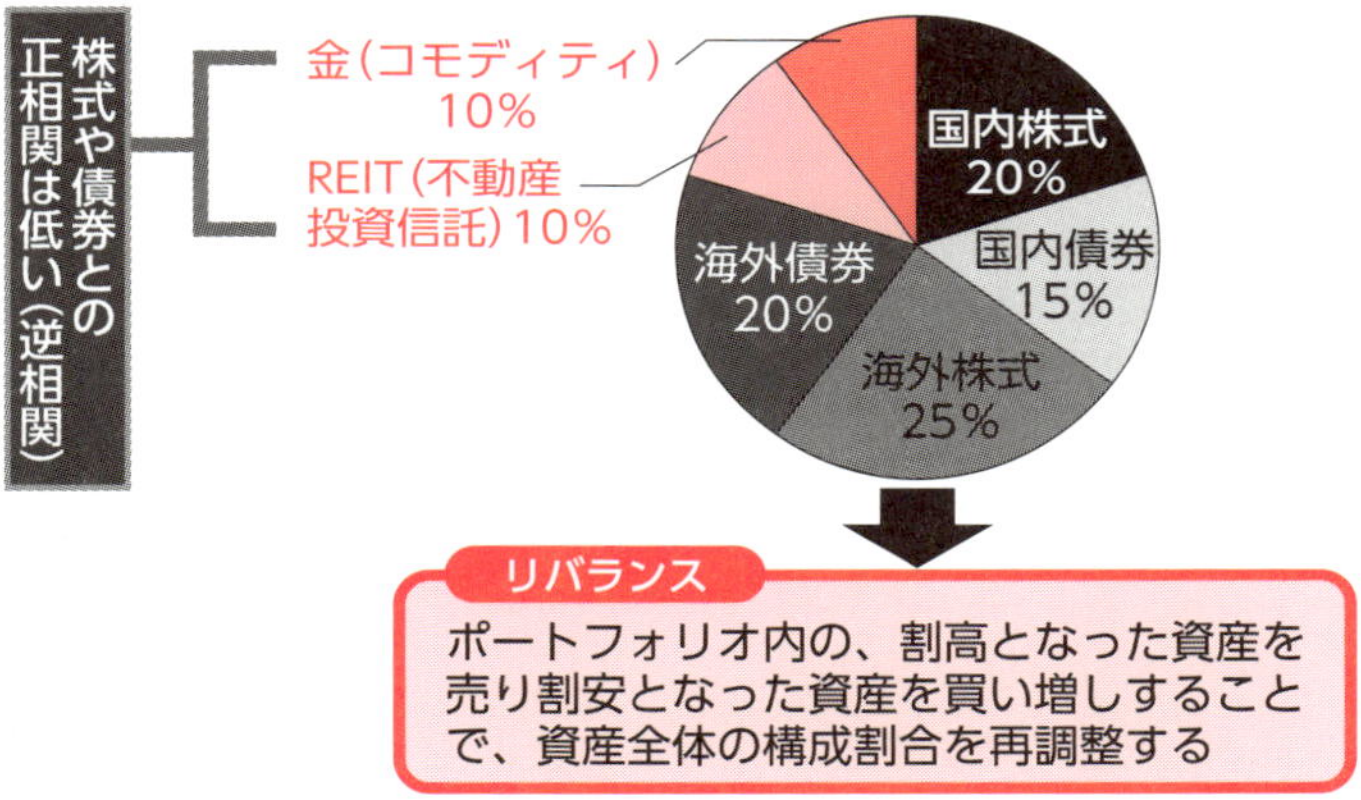

たとえば**金やプラチナといった商品（コモディティ）市場は、株式市場や債券市場との正相関が低く、お互いに反対の動き（逆相関）をする**といわれています。したがってポートフォリオの中に、不動産投資商品や金などを一緒に組み入れておくことの有効性がしばしば指摘されるわけです。

また極端な例ですが、為替市場が円高になるほど利益が得られる商品と、円安になるほど利益が得られる商品を半分ずつ組み入れておけば、その資産全体としては、大きな利益にもなりませんが大きな損失になることもないというわけです。

あとはマーケットの動向や、それぞれの商品の利益確保のタイミングなどを見定めながら売買することになります。

06 金は中長期的に大きな値上がりが期待できる

★金の次の高値目標は2000ドル突破にある

私は国際金価格が2000ドルの大台を突破する日が遠からずやってくることを確信しています。

価格調整局面こそ絶好の買い場となる

現在の金価格は史上最高値から7年以上に及ぶ調整局面が続いています。ただこの間の十分ともいえる調整期間を経ていることもあり、下値を切り上げて上昇トレンドの動きに入ってきたことも事実です。できれば**膠着状態（調整局面）にあるようなときに、じっくりと安値水準で購入する**ことに越したことはありません。

ところで「有事」には政治的な有事と経済的な有事とがありました。また世界における政治・経済のグローバル化やボーダレス化が進展しつつある今日では、政治的な有事と経済的な有事とが同時に起きることも十分に考えられます。したがって、このような不測の事態が同時に起きることにより、いつなんどき金のマーケット・バリューが最大限に発揮されるともかぎらない点に留意しなければなりません。

２０１９年６月末、大阪でのG20における米中会談では、中国への追加関税は当面は見送られ、協議を再開するとされましたが、今後も予断を許さない状況に変わりありません。また中国における巨額の債務問題や不動産バブルの崩壊は、ようやく回復軌道に乗りかけている世界経済に冷水を浴びせることになります。一方、欧州でも英国のメイ首相が5月、EU離脱協定案を三度否決され辞任を表明したことで、**「合意なきブレグジット」**の可能性が現実味を帯びてきました。

もしもこれらが現実のものとなれば、落ち着きを取り戻しつつあった世界的な金融システムへの不安や欧州債務問題を一気に再燃させることになるかもしれません。

しかし、金はこうしたリスクに対しても大きな強みを発揮します。特に複数の有事が相次いで起きるような場合には、国際金価格の史上最高値（１９２３ドル）や国内金価格の戻り高値（５０８１円）の更新は言うに及ばず、国際金価格の３０００ドルや国内金価格の史上最高値（１９８０年）である６４９５円を上回ってくるようなダイナミックな上昇局面も予想されます。

そうした局面が遠からず現実のものになるのではないかと考えています。

07 金はペイオフ対策としても絶対的な強みがある

★天災（ペイオフが実施されるような事態）は忘れた頃にやってくる

90年代後半の日本経済は、バブル崩壊後の惨憺たる状況にあり、山一證券や北海道拓殖銀行、そして中堅の三洋証券などの破綻も相次ぎ、住宅専門会社（住専）の後始末に巨額の公的資金がつぎ込まれたことは、いまでもあざやかに記憶に残っています。その後は「座して死を待つ」ようなデフレ経済の下に「**失われた20年**」を余儀なくされたわけです。

出口が見えないアベノミクスの副作用も十分にありえる

現在の日本は、アベノミクス効果もあり好転の兆しもみられるものの、デフレ経済から脱却できるかどうかの瀬戸際に立たされています。座して死を待つことよりもアベノミクスによる「賭け」に打って出た効果が表れてきているともいえます。しかし昔から「天災は忘れた頃にやってくる」ともいいます。一時の好転に浮かれていると、いつの間にかアベノミクスの3本の矢が折れ、日本経済が力尽きてしまう懸念も少なくありません。

もしそうであるならば、その後に待っているのは**巨額の公的債務残高や貿易赤字・社会**

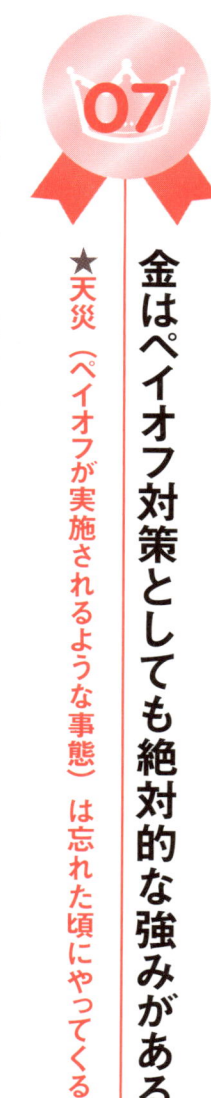

保障費負担増・景気低迷・財政破綻といった負の遺産ばかりであり、もっともっと悲惨な状況が待っているかもしれません。

ペイオフの事態になっても金ならまったく不安がない

今日の日本の金融機関は、90年代後半当時の脆弱でひ弱な姿から比べれば、欧米の金融機関に比べても健全性の度合いが大きく改善しています。したがって日本のメガバンクがペイオフで窮地に立たされることを思い浮かべる人は現時点では少数派でしょう。

ところでこのペイオフ制度では、**個人1人当たり1金融機関について、元本1000万円とその利息までが預金保険機構により保証**されています。このほか「決済性預金」（無利息・要求払い・決済サービスの3要件を満たす預金）については「全額」が保証されています。

しかしペイオフが実施されるような事態になれば、富裕層は預貯金の預け先を分散させることが必要になりますし、ペイオフによる払戻しにはいくつかの要件があり、たとえ自分の資産であっても、何かとわずらわしい思いをしなければなりません。

しかし金地金等ならば、銀行が破綻してペイオフが実施されても、なんら余計な心配もなく安心して資産として保有・維持し続けることができます。

●図1-4　預金保険制度とペイオフ

預金保険機構

・日本国内に本店のある金融機関（銀行・信用金庫・信用組合・労働金庫など）はすべて加入が義務付けられている。（同海外支店は対象外）
・日本国外に本店のある外国銀行の在日本支店は、加入の対象外となる。（外国銀行が日本国内で設立した銀行（日本法人）は加入が義務付けられている）

預金保険制度の対象商品と保護の内容

対象商品	対象外商品
・当座預金 ・普通預金 ・通知預金 ・納税準備預金 ・貯蓄預金 ・定期預金 ・定期積金 ・別段預金 ・元本補てん契約のある金銭信託 ・保護預かり専用の金融債（利付金融債・割引金融債・ワイド） ・これらを用いた積立、財形商品 ・確定拠出型年金の積立金の運用に係る預金等**	・外貨預金 ・譲渡性預金 ・保護預かり専用以外の金融債 ・元本補てん契約のない金銭信託（ヒットなど） ・投資信託（上場投信を含む） ・保険商品

保護される商品	普通預金、定期預金など下記以外の預金	元本1,000万円までとその利息まで保護
	決済性預金※	全額保護
保護されない商品	外貨預金、ヒット、譲渡性預金など	対象外

※「無利息」「要求払い」「決済サービスを提供できる」の３条件をすべて満たす預金。（当座預金や無利息型普通預金など）

第2章

金価格の動きと金投資の始め時

01

これまでの金価格の動きをおさらいしよう

★変動率（ボラティリティ）の大きさこそが金市場の最大の魅力

ここでは、金のマーケット・バリューについてのお話しが中心になります。

金は古今東西を問わず富の象徴

金は紀元前約5000年ごろにナイル川のほとりで「砂金」として、はじめて人類の目に留まったといわれています。しかし当時の人々にとっては、なにやら他の石や砂とは異なることに気付いていたとしても、その後の長きにわたる富の象徴となるとは思いもよらなかったにちがいありません。

それ以来、今日（2017年末）まで約19万トン（オリンピックプールで約4杯分）の金が産出されてきました。現時点における**確認推定埋蔵量**は5〜6万トンとされています。また2018年の金の**年間産出量**は、2011年秋まで金価格の上昇が続いたこともあり、過去最高となる3300トン超にまで拡大しています。その一方で現在のペースで金の生産が続くと、約15〜18年で枯渇するというきわめて希少価値の高い貴金属の1つです。

ところで金は古代から今日まで、「富の象徴」として悠久の歴史の中の様々なシチュエーションにおいて、その時々の王族や富裕層といった一部の特権階級の人々にとっても羨望の的であり、常にその存在感を発揮しながら今日まで光り輝き続けてきました。それはこれからの時代においても、変わらないでしょう。

日本において、一般の人々の間で金への関心が急速に高まった時期としては、1980年前後の**第1次金投資ブーム**、そして全米同時多発テロを経て2011年に史上最高値（1923ドル）をつけるまでの間の**第2次金投資ブーム**を挙げることができます。

この2つの金投資ブームに共通している特徴としては、金市場におけるマーケット・バリューが最大限に発揮されたという点です。たとえば第1次金投資ブームでは「短期的な大暴騰」、そして第2次金投資ブームでは10年以上に及ぶ「ダイナミックな長期上昇局面」などを指摘することができます。そしてその間の国際金価格は、前者では3～4倍、後者では6～7倍と目を見張るような動きを示しています。

一方、現時点の金市場はというと、さすがに10年以上にも及ぶ長期上昇トレンドが終了した後であるだけに、次の来るべき上昇トレンドに備えた調整期間の最中にあるものと考えられます。とはいえ7年以上に及ぶ調整局面が続いているだけに、いつ新しい上昇局面がスタートしても不思議ではなく、すでにその動きはあらわれています。

第1次金投資ブーム

◆金は「3つの政治的な有事」が重なり短期間に大暴騰を演じる

1971年のニクソン・ショック以後の国際金価格は、その後何年もの間、鳴かず飛ばずの状態が続きました。しかし、当時の世界は「東西冷戦」の最中にあり、金市場はいつなんどき「**有事の金**」の洗礼を受けても不思議ではありませんでした。

1979年2月、当時の中東では珍しい親米的で世界的な産油国の1つでもあったイランにおいて、当時のパーレビ国王がホメイニ氏の率いる反体制派に追放（王制打倒）されるという「**イラン革命**」が起こりました。また同年には中東産油国と欧米先進国との間の「石油価格」をめぐる対立や思惑から、「**第2次オイルショック**」が起きています。そして極めつけは、東西冷戦下の旧ソビエト連邦（現在のロシア）による「**アフガニスタン侵攻**」が重なって起きたことです。

このように短期間のうちに政治的・経済的な激変が相次いだことにより、それまで200ドルにも満たない水準で低迷していた国際金価格は、1980年1月21日、短期間のうちに4倍強となる「875ドル」の史上最高値をつけています。

●図2-1　金価格の推移と主な出来事（月足・1976.1～2019.4）

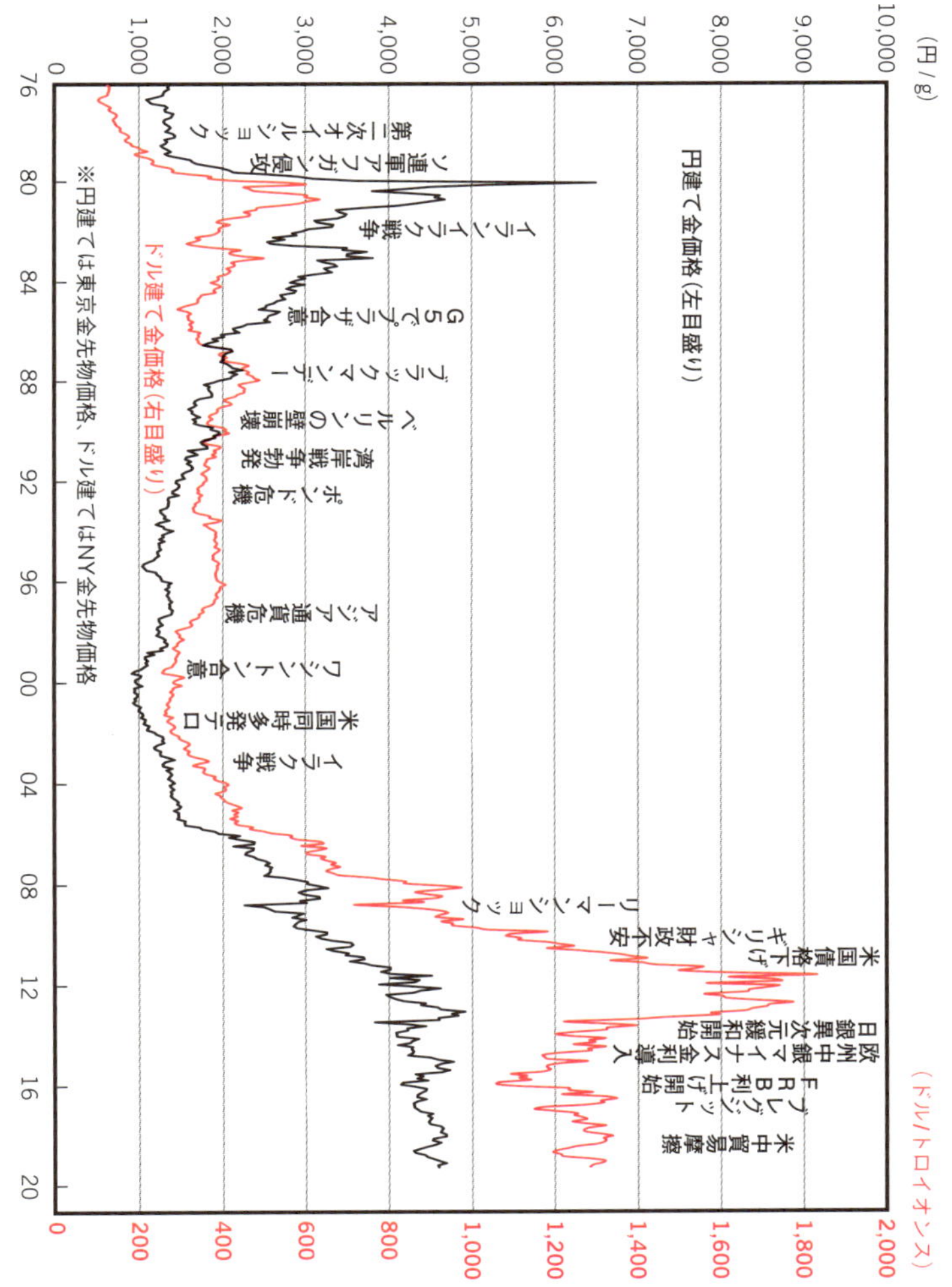

出所：第一商品株式会社

当時の国際金価格は、まさに「棒立ち」に近いすさまじい暴騰を演じてみせました。

このような金市場のかつてない突然の激変を誰が予想できたでしょうか。このことは、しばらく忘れ去られていた金が再び輝きを取り戻す大きなきっかけになりました。

ちなみに国内金価格はというと、それまで1000円～2000円のボックス圏で推移していましたが、当時のドル円相場が「250円」前後の円安水準で推移していたこともあり、1500円前後の水準から一気に4倍強となる「**6495円**」の史上最高値をつけています。なおこの当時の史上最高値は、現在でも破られていません。私はこの6495円こそが、これからはじまる新しい上昇トレンドの高値の目安の1つになると考えています。

第2次金投資ブーム

◆「経済的な有事」や「巨額の投資マネー」が新たな主役へと躍り出る

ところで1980年の金市場における熱狂相場は、投資資金があまりにも短期間に集中しすぎたことへの反動もあってか、あっけないほどの終焉を迎えました。その後の金市場は、それまでの短期的な熱狂がまるでウソであったかのように、約20年間に及ぶ長期的な下落の一途をたどることになりました。

そしてその後の国際金価格は、1999年に「**253ドル**」という歴史的安値（史上最高値から約4分の1の水準）をつけています。金市場は上昇時のインパクトも強烈でしたが、下落時のインパクトという点でも同様に強烈でした。

ちなみに同期間における国内金価格はというと、ドル円相場が長期的な円高トレンドの最中にあったことも重なり、１９８０年の史上最高値（６４９５円）から１９９９年の最安値（８３６円）まで、なんと約8分の1の水準にまで売り叩かれてしまうという有様でした。この間の国内金価格の下落幅は、実に国際金価格の下落幅の約2倍という、大暴落に見舞われたことになります。金先物市場で売建てからはじめた投資家は、さぞかし大儲けをしたにちがいありません。

このほかこの間の金市場の特徴としては、長期下落トレンドの過程で勃発した「湾岸戦争」や「イラク戦争」といった政治的な有事に対する反応は意外にも鈍く、再び金市場は世界の投資家から忘れ去られてしまうことになります。

9・11テロを境に10年を超える上昇トレンドへ

ところで金市場が再び有事の金としての注目を集める大きなきっかけとなった出来事は、なんといっても２００１年の「**全米同時多発テロ**」（政治的な有事）といえます。

その後の国際金価格は、10年以上に及ぶダイナミックな長期上昇トレンドの中で、２０

●図2-2　国際金価格の推移（月足・1975.1 ～ 2019.7）

出所：第一商品株式会社

●図2-3　国内金価格の推移（月足・1975.1 ～ 2019.7）

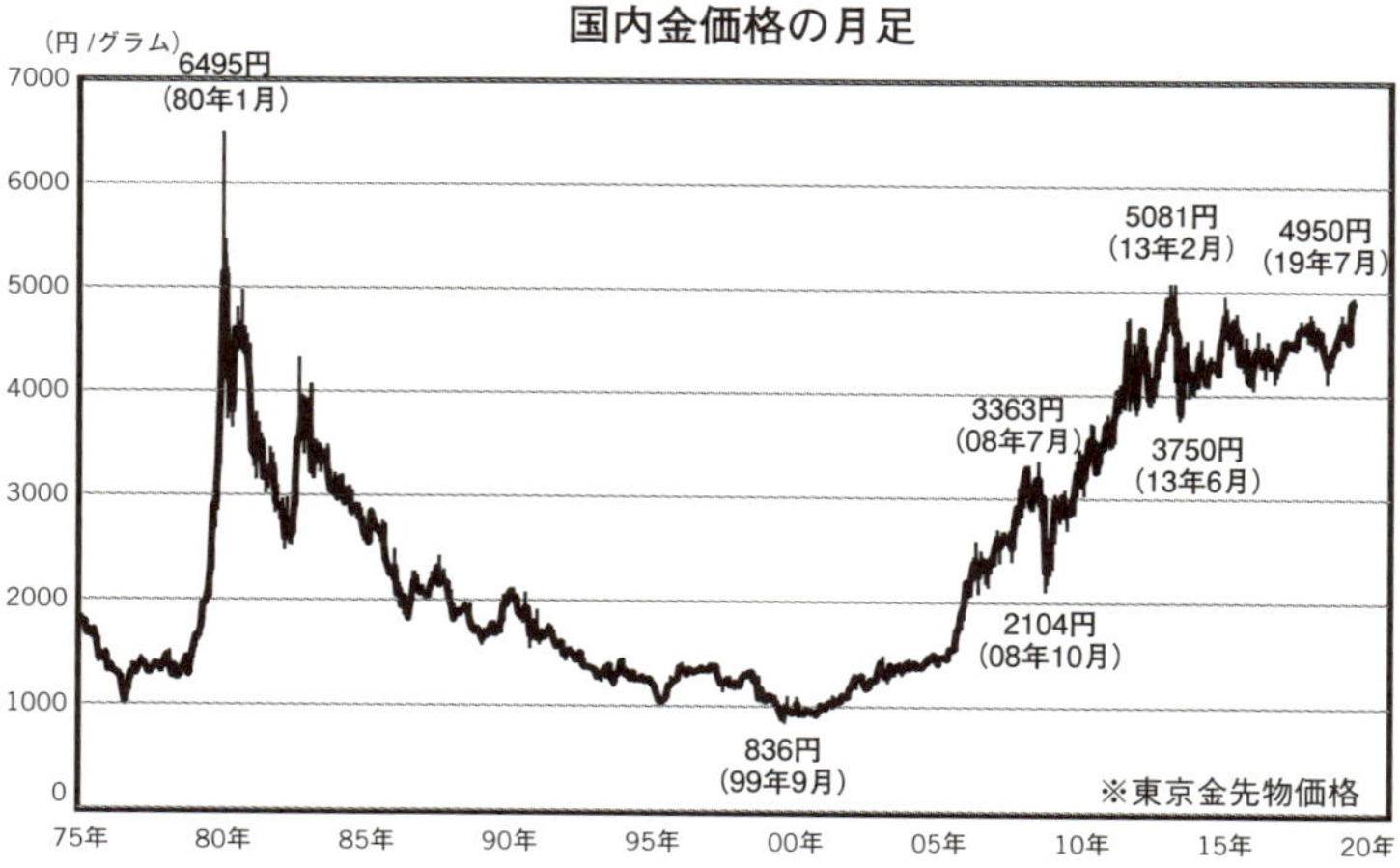

出所：第一商品株式会社

08年秋に起きたリーマン・ショックの際の一時的かつ大幅な下落もものともせず、1999年の歴史的安値（253ドル）から、まさに**2011年9月の史上最高値（1923ドル）**まで「8倍弱」の上昇を示現しています。マーケットにおける金の存在感が最大限に発揮されたときでもありました。

この第2次金投資ブームの大きな特徴は、まず2008年のリーマン・ショックから立ち直りかけていた世界経済を再び大きな不安に陥れた2011年の「ギリシャ・ショック」（経済的な有事）、次にこれまでの金市場ではほとんど存在感がなかったヘッジファンドの「巨額の投資マネー」の登場といった新たな市場エネルギーが、金市場の新たな主役として大きな存在感を発揮しはじめたという点にありました。

ちなみにこの間の国内金価格はというと、1999年の最安値（836円）から2013年の最高値（5081円）まで「6倍強」の上昇を示現しています。ただこの間の国内金価格の上昇幅は、円高トレンドが続いていたこともあって、同期間の国際金価格の上昇幅（約8倍）よりもかなり低くなっています。

こうした金のマーケット・バリューについては、第3章と第4章でも説明していきます。

●図2-4　三角持ち合いから上昇トレンドへ（週足・2000.1 ～ 2019.7）

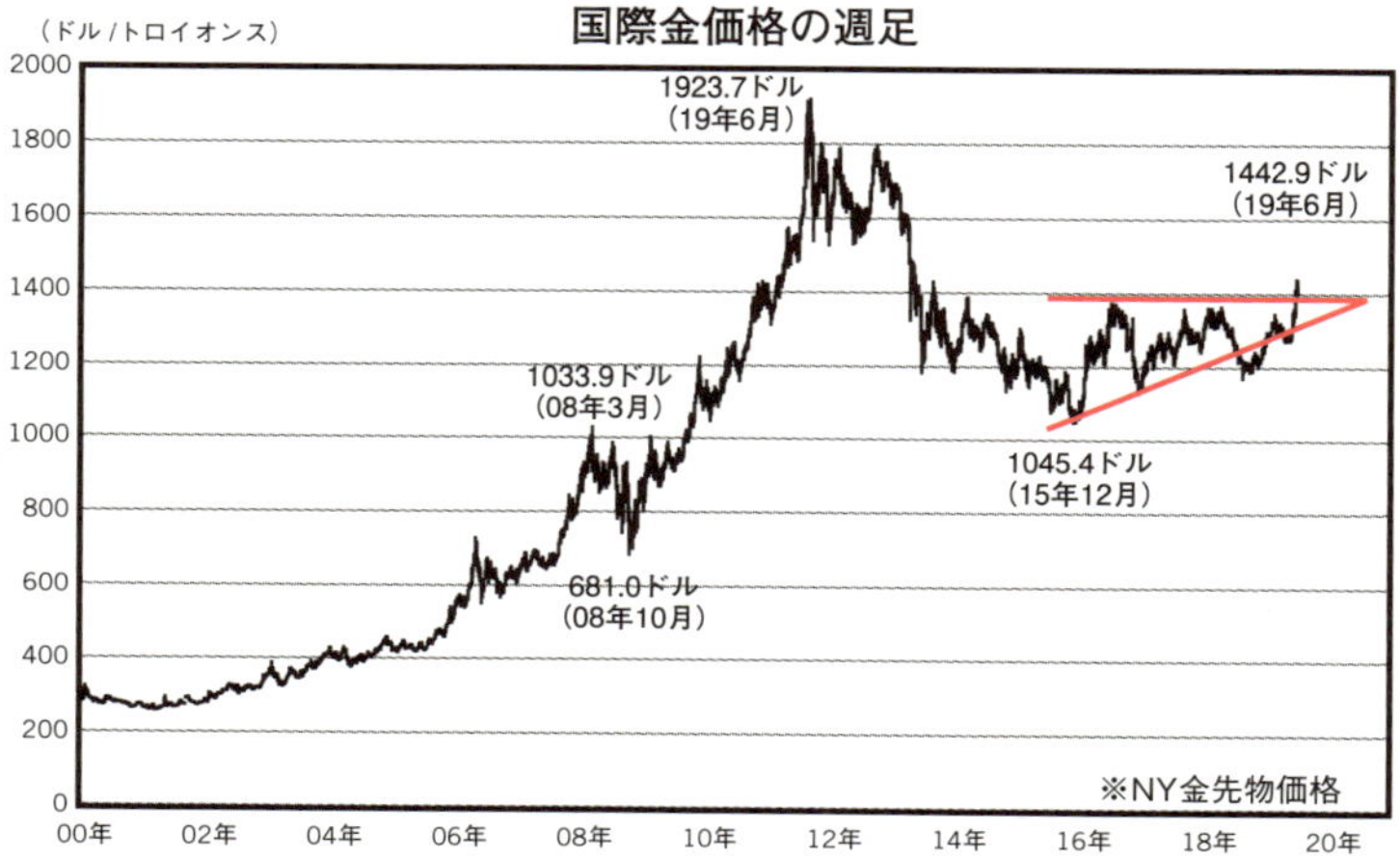

出所：第一商品株式会社

史上最高値の後の調整期間を経て上昇トレンドへ

2011年9月に国際金価格が1923ドルの史上最高値をつけてから今年の9月で丸8年が経過しようとしています。この間というものを端的な表現でまとめてみると、前半の約4年間はその後の底値といっても差し支えない1045ドルまでの値幅調整の期間といえます。そしてその後の約4年間は日柄調整の期間といえるのではないでしょうか。

さらに、この期間というものは、**1400ドル近辺を高値圏とし、下値を徐々に切り上げることにより下値切り上げ型の「三角持ち合い」**（価格高騰の予兆といえます）を形成しつつありました。

２０１９年6月下旬になると、パウエルＦＲＢ議長によるＦＯＭＣ会合後の会見で利上げ容認発言がとび出してきたり、トランプ大統領の攻撃的な発言とともにイラン情勢が一段と緊迫の度を高めてきたことなども重なって金が大きく買われ、それまでは高い壁とされてきた１４００ドルラインを２０１３年以来6年振りに一気に突破することになったのです。

02

国際金価格の最安値（底値）水準は1045ドル

★まだはもうなり――下落ばかり恐れていれば買い損なう

ここで国際金価格の「1045ドル」（2015年12月）という水準が、なぜ史上最高値（1トロイオンス：1923ドル）をつけた後の安値（底値）になるのかを確認しておきましょう。これからの金市場をみるときの重要なポイントになるからです。

テクニカル指標で高値と安値を予測する

残念なことに、金価格には株式投資における株価収益率（PER）・株価純資産倍率（PBR）・自己資本利益率（ROE）、そして債券投資における利率・利回りといった、具体的かつ客観的で汎用性の高い投資判断基準がないに等しいと考えておかなければなりません。要するに**金価格には割安や割高といった客観的な判断基準はない**ということです。だからといって、せっかくのチャンスをみすみす逃がす手はありません。

ここからは株式投資などでもよく利用される「テクニカル分析」の手法を使って、簡単に説明してみましょう。私の経験からいえば、テクニカル分析が金の短期や中長期の購入や売却のタイミング、あるいは大きな転換点（上昇トレンドに入るのか下落トレンドに入るのか）といった要所要所の判断基準を的確に示してくれることも少なくありません。

金価格はいつ上昇に転じてもおかしくない

現在の国際金価格は、2019年6月1日で史上最高値から8年ちかくに及ぶ「長期調整局面」にあり、まさに「閑散に売りなし」といった状況に近いものがあります。したがって、詳細は次節で後述しますが、**いつ明確な上昇トレンドに転換しても不思議はなく、すでにその兆候がみられています。**

ところで、国際金価格の1100ドルという水準は、10年以上に及ぶ長期上昇トレンドのスタートでもあった歴史的安値である「253ドル」から、2011年秋の史上最高値となる「1923ドル」に至るまでの上昇幅の「2分の1」だけ下落した位置（「**2分の1押し**」といいます）にあるということです。正確には「**1088ドル**」ということになります。テクニカル分析の世界では、一般的にこうした水準（2分の1押し水準）は上昇トレンドの後の大幅な調整局面における「下値の目安」として広く認識されています。

もちろん、その水準を絶対に下回らないという意味ではなく、その時の金市場を取り巻く環境次第では一時的にせよ下回ることもあります。あくまでも**有力な「目安」**というこ

●図2-5　国際金価格は２分の１押しの1100ドル付近で下げ止まった

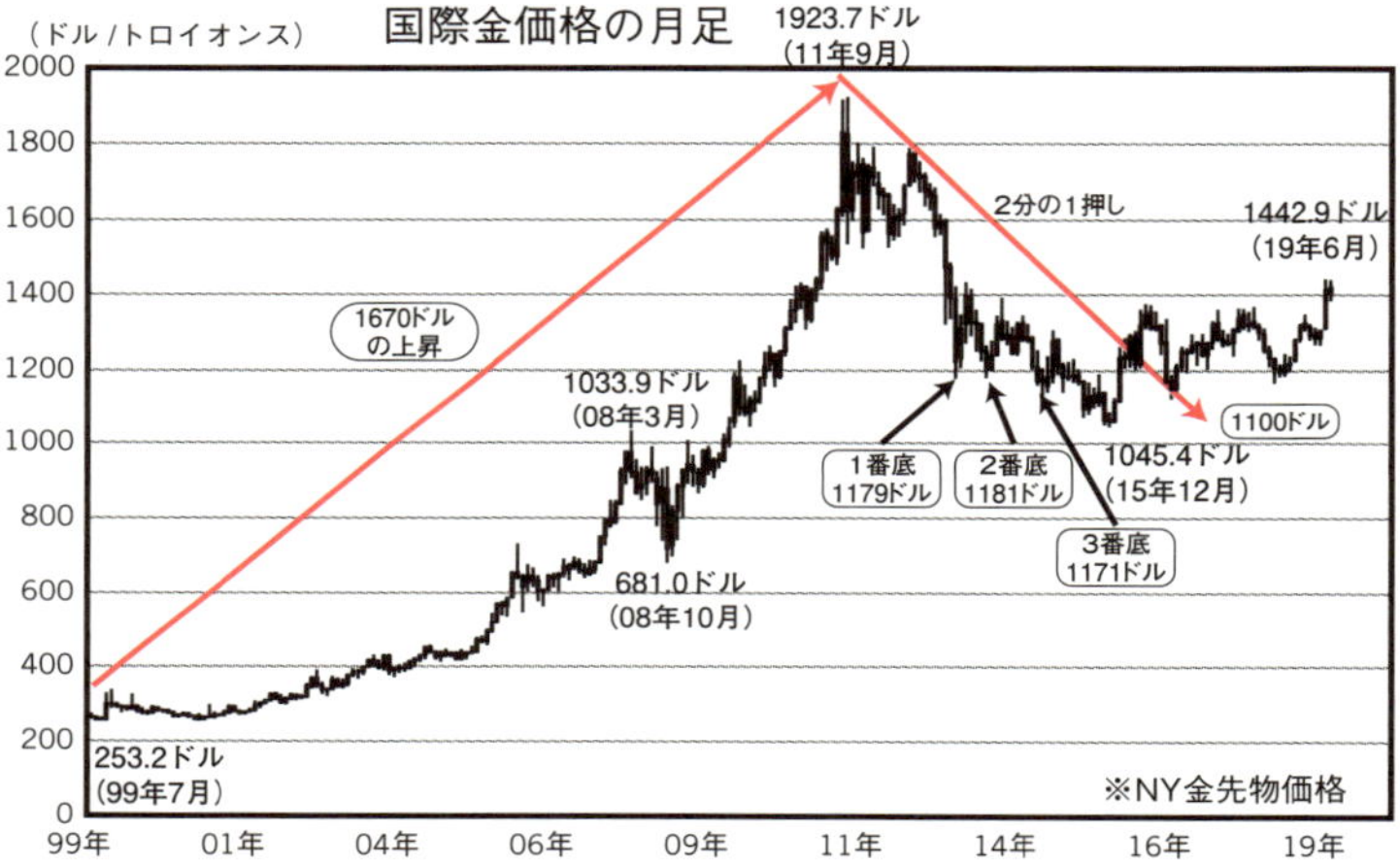

出所：第一商品株式会社

1,923ドル－（1,923ドル－253ドル）÷2＝1,088ドル

※ボトムからトップまでの上げ幅の半値押しが強力なサポートラインになる

とです。

しかしこうした「シンプルな判断基準」でもあるテクニカル分析は、昔から多くの投資家の有力な判断基準の1つとされてきたことも事実です。

したがって国際金価格の1100ドルという水準は、きわめて下方硬直性の強い「**下値の岩盤**」といっても過言ではありませんでした。

大底を打ったかを判断するには？

ところで国際金価格は1923ドルという史上最高値の後、2013年6月には「1番底」

（1179ドル）、同年12月には「2番底」（1181ドル）と、2回にわたり1100ドル台の水準まで下落しています。この2回の下落局面（1番底と2番底）を確認したことにより、当時の国際金価格の下値はかなり固まりつつあったといえます。特に2回とも下値の岩盤となる1100ドル（2分の1押し）の手前で踏み止まっている点にも大きな意味がありました。

とはいえ、まだ下落するのではないかという不安をもつ投資家も少なくなかったと思います。仮にダメ押しともいえる「3番底」（ここでは1171ドル）として、1100ドル前後までの下落局面があった場合は、その水準こそがまさに本当の意味での「大底」になる可能性が高いと判断して差し支えなかったと思います。

2014年10月末、国際金価格は下値を固めながらも「1300ドル」を挟んだボックス圏の水準で推移していました。このまま一足飛びに上昇トレンドに転じることはないとは思っていましたが、徐々に下値を切り上げていく展開は十分に予想されました。

あまり迷っているとチャンスを逃す

このように国際金価格は、思わず「**今買わなければ、いつ買うのか？**」と叫びたくなるような「絶好の買い場」にあるといっても過言ではありませんでした。国際金価格の特徴として、**何らかのきっかけで一度動きはじめると一気に上昇ピッチを速める**（たとえば1400ドル台まで上昇）というボラティリティの高さにも留意しなければならない局面にあったと思います。**一度上昇トレンドに転換してしまうと、今度はなかなか安値水準で買うことがむずかしくなります。**

1100ドル割れという千載一遇のチャンスが訪れる

ところが2015年12月、FRBが当時の好調な米国景気のさらなる過熱を事前に防ぐという意味もあってか、マーケットでは予想されていたこととはいえ、ゼロ金利を解除する**「利上げ」**が発表されました。金の唯一ともいえるウイークポイントは**利息がつかない**という点にあります。言い換えれば、**金は「利上げ」に弱い**ということです。この米金融政策が利上げに転換することは、マーケットでは織り込み済みであるように思われていましたが、実際に利上げが発表されるとNYの国際金市場はネガティブに反応し、瞬間的に1トロイオンス：1045ドルの安値をつけることとなりました。

このような展開になると、投資家の心理として、まだ下落するのではないかという不安が頭をもたげてくるものです。ここでもう1つのテクニカル分析上の常識といえる見方が登場します。

１０４５ドルをつけた直後の段階では、そこが下値（底値）になるかどうかの判断は難しいといえます。しかししばらく動向を見定めることによって、この１０４５ドルが市場最高値（１９２３ドル）をつけた後の下値（底値）になることを確信させるポイントを確認することができたのです。

それは国際金価格が初の１０００ドル台に乗せた２００８年3月の１０３３ドルを大きく下回るかどうかという点にありました。もし大きく下回ってくるようであれば、現在の国際金価格の景色は大きく違ったものになっていたことでしょう。そして国際金価格の水準も現在よりもっと下に位置していたにちがいありません。

しかしこの１０３３ドルを下回らずにゆるやかな上昇トレンドを形成することになったことから、**１０４５ドルが史上最高値をつけた後の下値（底値）と判断して差し支えない**という結論に達したわけです。

03

新たな上昇トレンドで史上最高値の更新も

★国際金価格は2500ドル、国内金価格は円安効果で1万円を狙う？

ここでは、先の安値の目安（底値―2分の1押し）とは逆に、新しい上昇トレンドの高値の目標値（倍返し）の考え方を、テクニカル分析を交えながら確認しておきましょう。

国際金価格の目標値は2500ドル超え

具体的には、2011年につけた史上最高値（1923ドル）から2015年12月につけた最安値（1045ドル）までの下落幅（1923ドル－1045ドル＝878ドル）の倍返しの水準（1045ドル＋878ドル×2＝2801ドル）が、国際金価格の次の新しい上昇トレンドの目標値（高値の目安）ということになります。

前述したように、国際金価格は2011年9月に史上最高値をつけてから約8年に及ぶ調整期間を経て、下値切り上げ型の「三角持ち合い」を形成しながら2019年6月24日には1442ドルの戻り高値をつけています。

この1400ドルという大きなカベを突き抜けたという事実は、国際金価格が改めて

●図2-6　国際金価格の次の上昇トレンドの高値目安（週足・2011.1 ～ 2019.7）

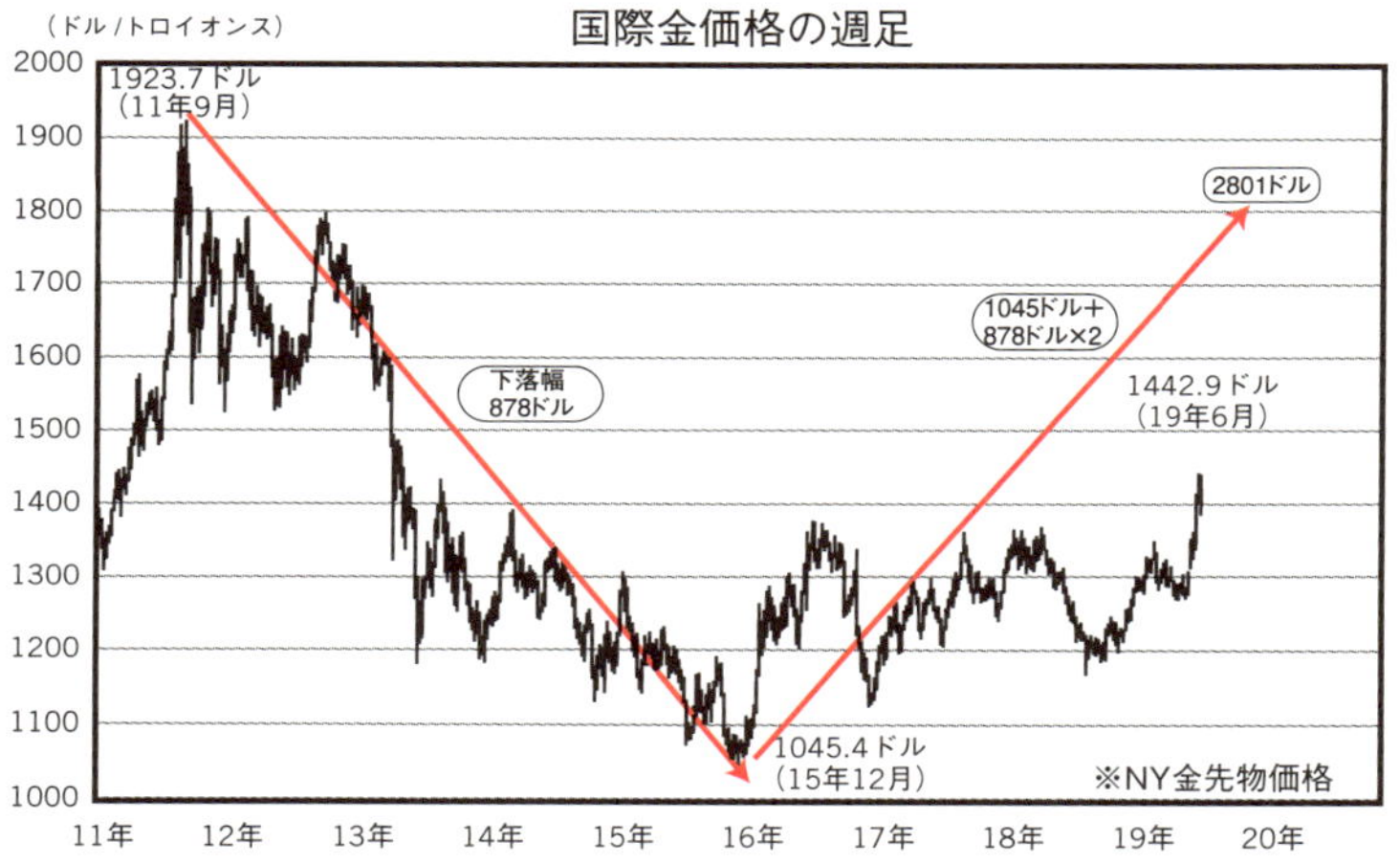

出所：第一商品株式会社

●図2-7　国内金価格の次の上昇トレンドの高値目安（週足・2013.1 ～ 2019.7）

出所：第一商品株式会社

「上昇トレンド」を形成し始めたことを印象づけるものです。ただ、一本調子で上昇するわけではありません。上昇トレンドにおける重要なポイントとなる価格というものがあります。それは「3分の1戻し」「半値戻し」「3分の2戻し」というポイントになる価格をクリアしながら上昇トレンドを形成していくということです。

史上最高値の1923ドルから1045ドルまでの下落幅に対して、どの程度の戻りを達成しているかを見ることになります。

●3分の1戻し　1045ドル＋878ドル÷3　→1337ドル
●半値戻し　1045ドル＋878ドル÷2　→1484ドル
●3分の2戻し　1045ドル＋878ドル×2÷3　→1630ドル

そして国内金価格はというと、2013年につけた最高値（5081円）から、同年につけた安値（3750円）までの下落幅（5081円－3750円＝1331円）の倍返しの水準（3750円＋1331円×2＝6412円）が、次の新しい上昇トレンドの目標値（高値の目安）ということになります。ただしドル円レートとの関係もありますので、国際金価格と国内金価格とが同じ割合で変動するとは限りません。

国内金価格はドル円レートの影響を受けやすい

ところで国内金価格は、基本的に国際金価格に連動しているため、ドル円レートの影響も決して小さくありません。今後のドル円レートが「円高」の方に振れるのか、それとも「円安」の方に振れるのかによって、将来の国内金価格の水準は大きく異なってきます。

たとえば、①3年後の国際金価格が2500ドル、ドル円レートが1ドル：80円という「円高」の場合の国内金価格は6430円となります。このケースでは、**国際金価格の大幅な上昇により、大幅な円高によるデメリットを吸収してしまう**ことがわかります。

同じく②その時のドル円相場が1ドル：150円という「円安」の場合の国内金価格は、1万2056円となります。このケースでは、国際金価格の上昇と円安というダブルメリットをフルに享受できることになります。そう遠くない時点において国内金価格の1万円到達も夢ではないのかもしれません。

また③3年後の国際金価格を1400ドル、ドル円相場が1ドル：80円という「円高」の場合の国内金価格は3858円となります。現在の国内金価格（2019年6月20日・4800円前後）よりかなり安くなってしまうことがわかります。このケースでは大幅な円高が国内金価格を大きく押し下げてしまったことになります。

●表2-1　ドル円相場と金価格の推移

ドル円レート	国際金価格	国内金価格
①80円（円高）	2,500ドル	6,430円
②150円（円安）	2,500ドル	12,056円
③80円（円高）	1,400ドル	3,858円
④150円（円安）	1,400ドル	6,751円

※ 1円未満切捨

（国際金価格÷31.1035g）×ドル円レート＝国内金価格

同じく④その時のドル円相場が1ドル：150円という「円安」の場合の国内金価格は6751円と、1980年につけた史上最高値を少し超えることがわかります。このケースでは国際金価格が上昇しなくても、大幅な円安のメリットにより、大きな利益を得られることがわかります。

このように、国内金価格は、国際金価格の影響よりもドル円相場により大きな影響を受けることが改めてわかります。今後のドル円レートの行方（円高・円安）には大きな関心を払わざるを得ません。個人的にはいずれ②のケースが現実のものになる可能性が高いのではと考えています。

なお第3章及び第4章でも、こうした点について説明しています。

04 財産五分法で資産の20%を金にする

★安値圏で買って高い配分割合にするからこそ大きな利益が得られる

昔からの日本特有の考え方に財産三分法というものがあります。これは資産を預貯金・株式・不動産の3分野に分散しておくという考え方ですが、この考え方は1990年代初頭のバブルの絶頂期までの日本では確かに合理的で、広く一般的なわかりやすい考え方でもありました。

バブル崩壊と金融ビックバンで投資環境が一変

ところがバブル崩壊後の日本の資産運用環境は、ながびく超低金利・不安定な株式市場・不動産不況などに象徴されるように、大きく変化してしまいました。さらに1999年の金融ビッグバン以降、日本でも新しい金融商品が次々に登場し、大きく多様化しました。

このため多くの日本人には新しいテーマでもある「分散投資」が改めて注目されるようになってきました。

これからは財産五分法

さて金融商品の多様化が進んでいる現在の財産五分法は、これまでの財産三分法の対象でもあった「預貯金」「株式」「不動産」に「外貨建て商品」「新しい金融商品」を加えた5つのカテゴリー商品を運用対象とする考え方をいいます。

しかしこの分散投資で十分留意すべき点は、①「どこの国（通貨）に分散させるのか」**（国別の資産配分）**、②「どのカテゴリー商品に分散させるのか」**（商品別の資産配分）**、③「どのくらいの割合で資金を配分するのか」**（配分割合）**、④「資産の組み換えをどう考えるのか」**（リバランス）**という4つの点にあります。

①に関しては目を広く海外に向け、どこの国（通貨）のマーケットに配分すれば効果的なのかを考えることです。

◆利食いとリバランスを実施する

②に関しては5つのカテゴリー商品のうち、どの商品とどの商品を組み合わせて分散するかということです。この分散投資の本来の目的は、「特徴の異なる資産を組み合わせることにより資産全体のリスクを軽減する」という点にあります。たとえば金（商品市場）は株式市場や債券市場とは逆相関の関係（逆の動きをする）にあることからすれば、金を

●図2-8　リバランスの例

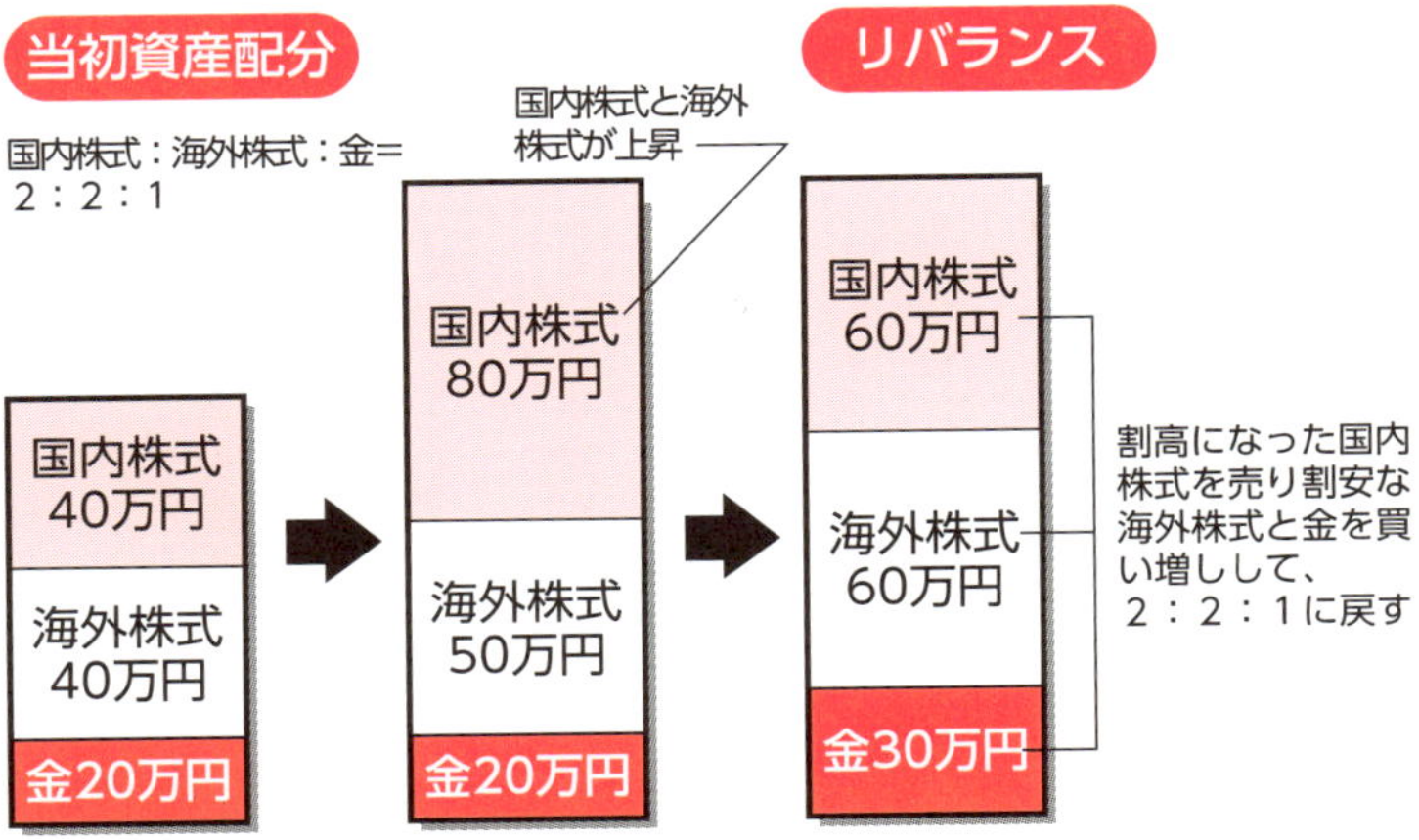

ポートフォリオに組み入れることの必要性が容易に理解できるはずです。

③に関しては高価格なカテゴリー商品（高リスク商品）への配分割合を減らし、低価格なカテゴリー商品（低リスク商品）への配分割合を増やして資産割合を原則一定に保つことです。そして、すべての資金を一度につぎ込まず、常に運用資金のうちの一定割合を現金として確保しておくことです。

④に関しては③にも関係しますが、たとえば現在の内外の株式市場のように、かなり高い価格水準（株高：高リスク）にあるカテゴリー商品は、その配分割合を徐々に減らす（利益確保）ことにより市場の下落リスクに備えなければなりません。その一方で、現在の「金市場」のように比較的低い価格水準（下

落状態：低リスク）にあるカテゴリー商品は、逆に配分割合を増やすことで上昇リスクに備える必要があります。つまり、**高くなった商品は売却して割合を減らし、安くなっている商品と入れ替えて資産配分の割合を原則一定に保つ**ということです。これが**リバランス**ということです。

金を資産ポートフォリオに組み入れる

さて、ここで再び金投資について考えてみましょう。**欧米では資産の10％を金で保有する**という伝統的な考え方があります。これからの時代は、日本人も**ポートフォリオに金を組み入れる必要性**を認識すべきです。これまで長く続いてきた1300ドル台前後の国際金価格は、史上最高値（1923ドル）から大きく下落し、今後の下落リスクは十分に低下していると考えられます。一方で、金市場には依然として、史上最高値更新への中長期的な期待感があることも事実です。

したがって欧米の伝統的な考え方である「10％」にこだわることなく、今後に予想される金のマーケット・バリューに期待し、さしずめ今なら20％程度の配分割合を目安にポートフォリオに金地金等を組み入れてもいいように思います。

いまこそ金地金等への配分割合を増やすことを検討すべきときではないでしょうか。

●図2-9　財産三分法から財産五分法へ

財産三分法
- ①預貯金
- ②不動産
- ③国内有価証券

財産五分法
- ①預貯金
- ②不動産
- ③国内有価証券
  - 株式
  - 公社債
  - 投資信託等
- ④海外有価証券
  - 海外株式
  - 海外債券
  - 外貨建て投資信託等
- ⑤新しい金融商品・その他金融商品・その他実物資産

（外貨預金・商品ファンド・**金**・プラチナ・REIT・FX・オルタナティブ商品・ヘッジファンド・その他）

分散投資と効率運用

- 「分散投資」とは単に「複数商品」へ振り分けることではない
- 「分散投資」と「長期投資」だけでは資産を大きく殖やすことは難しい
- 「確率の高いシナリオ」に基づいた適切（先回り）な資産配分が必要
- 割高な資産を利食いして「低リスクの市場や商品」への配分割合を機動的に増やす

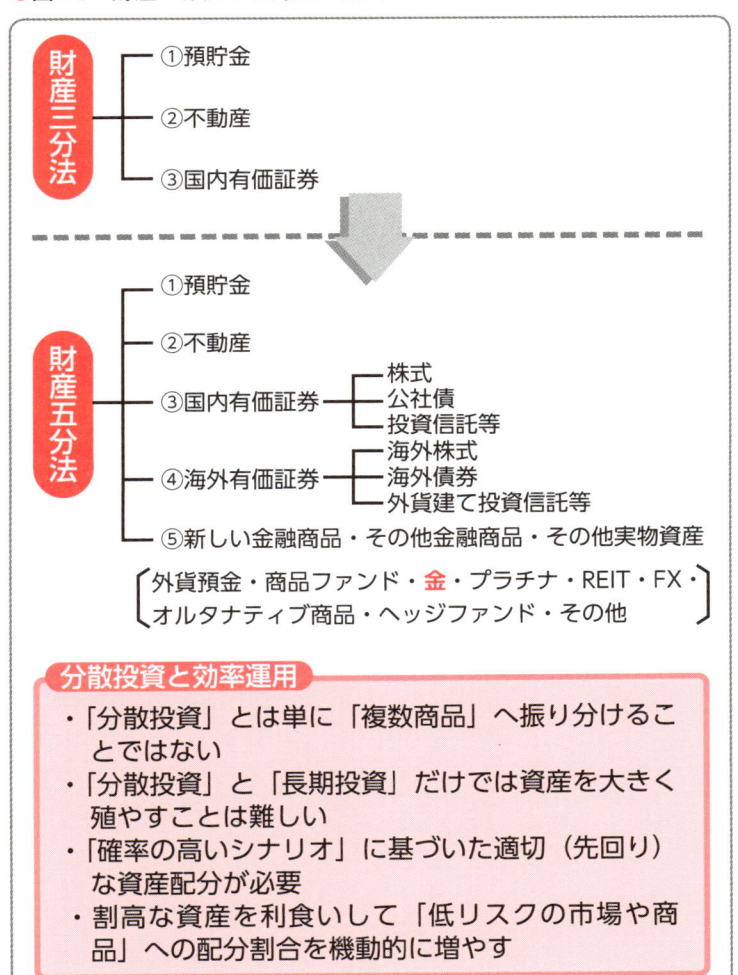

05

迫り来る「国債パニック」にどう対応する？

★財政・経済状況を正確に把握しつつ注視していく

バブル崩壊後の日本経済は「失われた20年」に象徴されるように、ながびくデフレと円高、少子高齢化の進展、経済社会制度の機能不全、国と地方を合わせた巨額の公的債務残高、膨張が続く社会保障関係費、稼ぐ力を失いつつある輸出企業の輸出競争力の低下など、安心感のある生活設計に大きな懸念を抱かせるようなことばかりが目につく時代を迎えています。

これらのうちのデフレや超円高については、「アベノミクス」の第1の矢である異次元金融緩和の効果もあってか、今のところようやくこれまでの悪循環から脱却しつつあります。こうした好循環が常態化するようになり、日本の経済社会が好転する方向に向かってくれればと、ただ願うばかりです。

とても楽観視できないこれからの日本経済

日本銀行は2013年4月から今日まで、マネタリーベースを年60～70兆増額、長期国債・ＥＴＦ・ＲＥＩＴの買い入れ、金融機関へのマイナス金利の導入、長短金利操作の導入といった**異次元の金融緩和政策**をとってきました。これらは**事実上の株価維持策**でもありました（82ページ参照）。

しかし、**日本経済は２０２０年夏の東京オリンピック開催を最後に息切れする**という説もあります。要するに、日本経済の先行きはとても楽観できるような状況にはないことを認識しなければなりません。私は、これからの日本は政治的な有事や経済的な有事に振り回されてしまうような事態が待ち構えている可能性が非常に高いと考えています。

日本の公的債務残高は先進国中最悪の水準

ここではそうした中でも最大の懸念材料といわれている「**巨額の公的債務残高**」について考えてみましょう。

たとえば日本の国家予算は、税収が思うように確保できない中、**公債依存度**はピークである２００９年度の52％からは減少傾向にはありますが、一般会計の約３分の１（２０１９年度予算では32・１％：約32兆円）が国債の発行で賄われているという、世界でもきわめて稀な国です。そして現在の国と地方を合わせた公的債務残高は、積もりに積もって、２０１９年度で８９７兆円、２０１９年度予算でＧＤＰ（国内総生産）の２・37倍（世界

●図2-10　公債発行額と公債依存度の推移

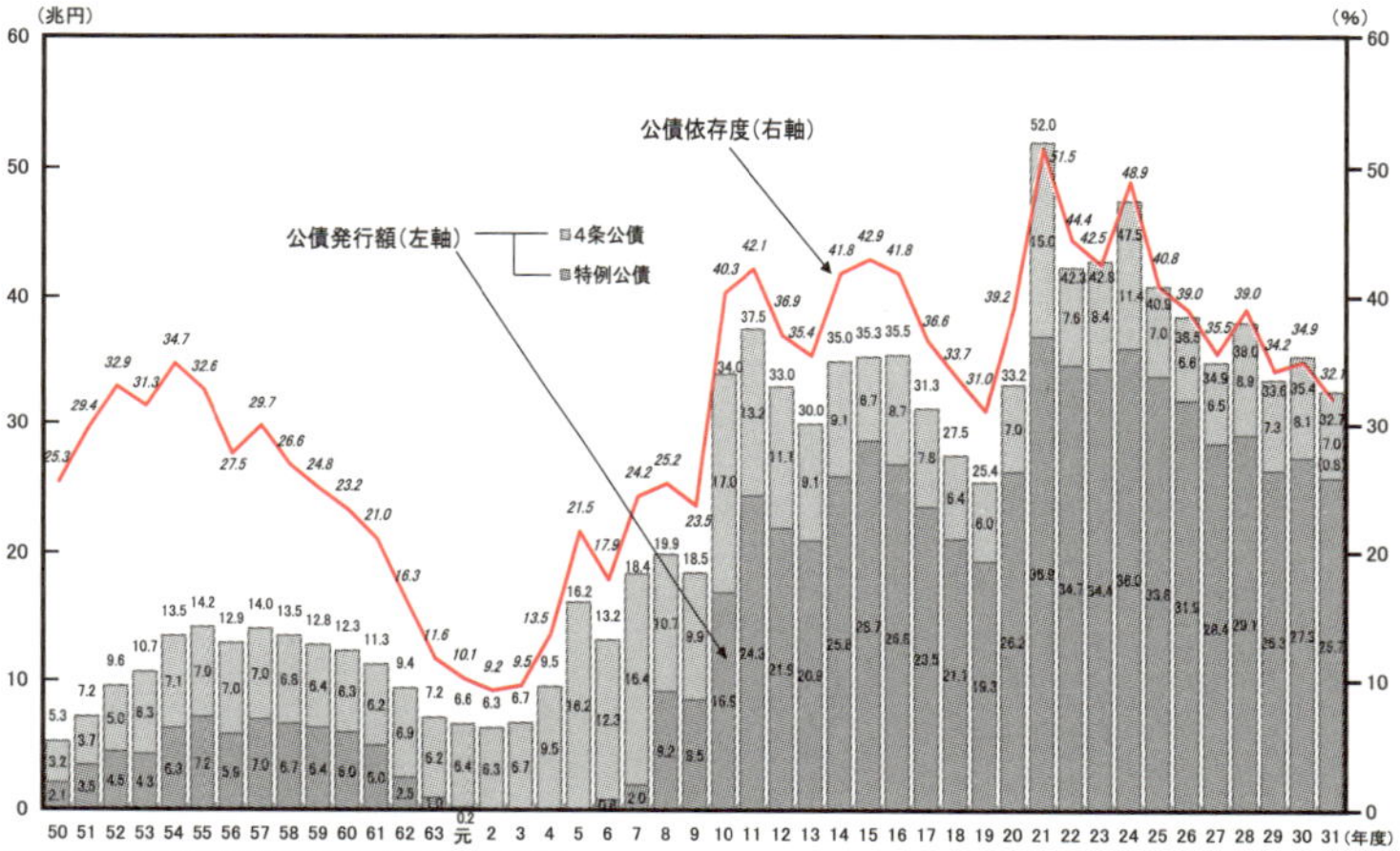

(注1)平成29年度までは決算、平成30年度は第2次補正後予算案、平成31年度は政府案による。

出所：財務省資料

●図2-11　債務残高の国際比較（対GDP比）

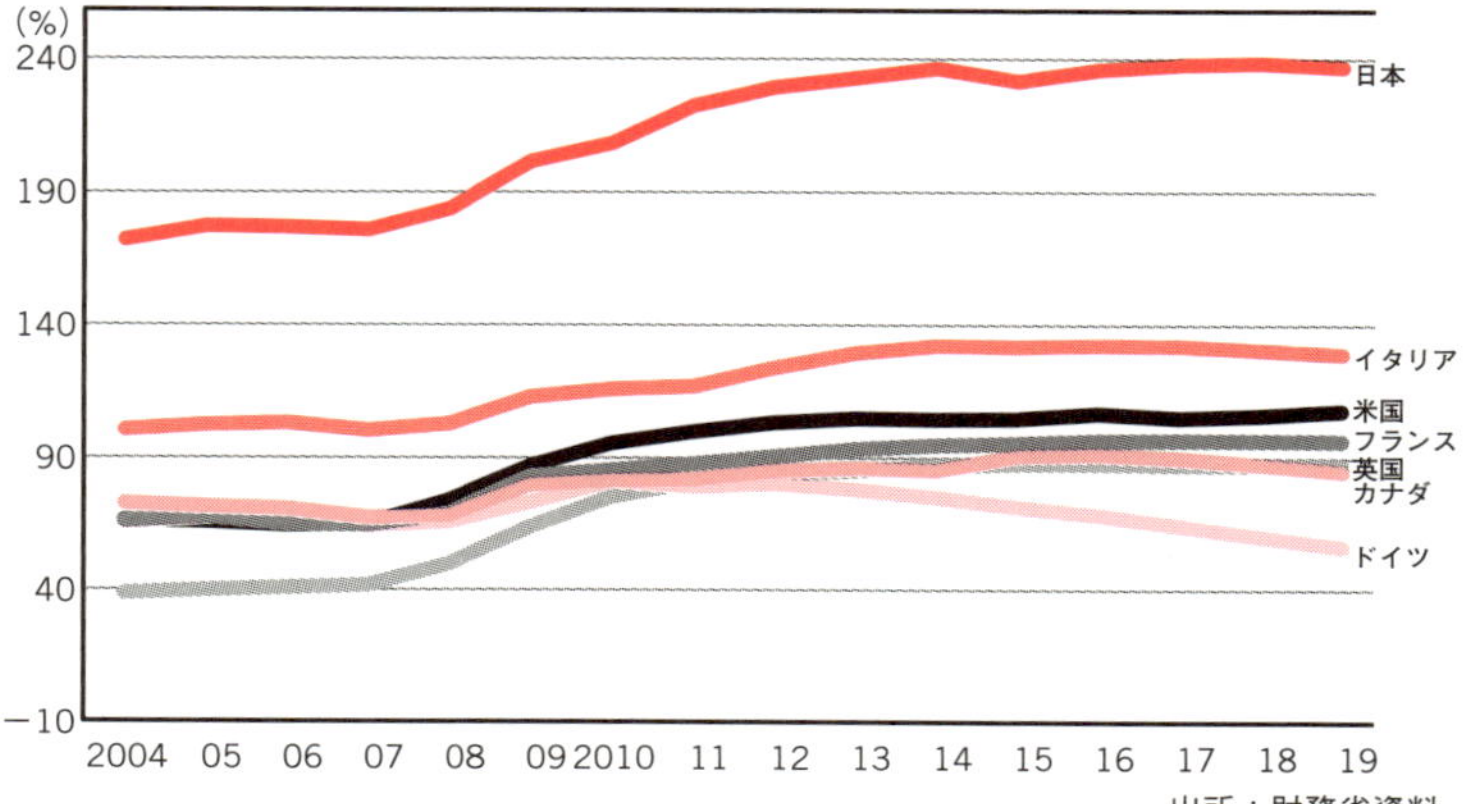

出所：財務省資料

的にも突出した水準）にまで膨れ上がっています。

普通なら国家破綻しても何ら不思議ではなく、悪いことにさらに今後も増加の一途が予想されています。こうした日本の巨額の公的債務残高の存在により、将来的な「デフォルト（債務不履行）」「国債の格下げ」「国債の暴落（金利の急騰）」「悪い円安」「悪いインフレ」「国内経済の停滞」といった好ましくない事態を招く可能性が年を追うごとに高くなってきています。「失われた20年」どころではない悲惨な状況がもたらされることも、まったくないとはいえません。日本経済は、まさに瀬戸際の状況にあるといっても過言ではありません。

ギリシャ・ショックは予測できなかったか？

ここで、同じような事態が再び繰り返されるとは思いませんが、念のため２０１１年の「ギリシャ・ショック」に象徴される公的債務問題から派生した世界的な金融システムの不安や、その後の当該国の対応策について確認しておきましょう。ちなみに当時のギリシャの公的債務残高は、財政統計の不正が発覚するまでは、日本よりはるかに少ない金額で推移しているとされていました。いまふりかえれば、その予兆がまったくなかったわけではありません。

●図2-12　ギリシャにおける国民生活への影響

【経済危機後に実施された改革】

増税
- ✓ 付加価値税の税率引上げ
  牛肉、交通費、レストラン等：**13％→ 24％**
  ホテル：**6.5％→ 13％**
- ✓ 所得税の課税対象最低所得額の引下げ
  年間12,000ユーロ→ 年間5,000ユーロ

年金改革
- ✓ 支給開始年齢：
  早期退職により**55歳**から受給可能→ 段階的に男女とも**原則67歳**から支給、早期退職者にはペナルティー
- ✓ 基礎的年金支給額（月額）：
  15年以上勤務した者は**486ユーロ**→ 20年以上勤務した者は**384ユーロ**、20年未満の者はさらに減額
- ✓ 年金給付額の削減：年金受給者へのクリスマス、イースター、夏季ボーナス→ 廃止

国有資産の売却
- ✓ 国有資産売却を推進し、
  国内最大の港湾ピレウス港の管理に係る株式67％の**中国企業への売却が合意。**
  他にも、鉄道事業や旅客機、ホテル等、様々な資産が売却対象となっている。

資本規制
- ✓ 2015年のチプラス政権への交代による危機再燃時、預金の流出を抑えるため、一時休業と資本規制（１口座当たりの**預金の引出し**は**１日60ユーロ**まで）を導入（引出し上限は緩和されたものの、現在も規制解除時期は未定。

失業率の悪化

2009年	2010年	2011年	2012年	2013年	2014年	2015年	2016年	2017年	2018年
9.6％	12.7％	**17.9％**	**24.4％**	**27.5％**	**26.5％**	**25.0％**	**23.8％**	**21.9％**	**20.9％**

（出典）IMF「World Economic Outlook」

出所：財務省資料

ところでまだギリシャ・ショックが表面化する前の10年満期のギリシャ国債の利回りは、機関投資家や投機筋（ヘッジファンド）の売り崩しがはじまりかけていたこともあり、すでに10％前後にまで上昇していました。

マーケットは、経済危機を徐々に織り込んでいたというわけです。そしてその後もさらにS&Pなどの格付け会社による「格下げ」が相次ぎ、ショックが表面化した後の利回りは実に「37％」という尋常ではない水準にまで上昇していたのです。このため2012年には、ついに「**デフォルト**」が宣言され、各国政府、機関投資家、ヘッジファンドなどが巨額の損失を被ることになりました。

その後のギリシャ国民の生活はどうなったか？

その後のギリシャは、ＥＵ各国からの金融支援の条件として、いまでも緊縮財政の下で国民に倹約を強いながらの経済再建を余儀なくされています。もし日本でこのような事態が起きたらどうなるでしょうか。私は、近い将来の日本でも「ギリシャ・ショック」と同様の事態が起きることを懸念しています。

ただこのような「経済的な有事」の下でも、逆に金価格は大きく上昇したという事実を忘れてはなりません。先行き不透明な時代においては、いつどこで何が起きるかわかりません。なんといっても有事の金に勝るものはありません。

それはそうとヨーロッパの各国において、極右政党やポピュリズム政党などの大躍進が目立つようになりました。イタリアも例外ではありません。ＥＵに所属していながらＥＵとの対立を深めているようです。そしてこうしたことから、２０１８年から今年にかけて**イタリア国債が売られたことにより、10年国債の利回りが久々に3％台にまで急上昇**しています。わたしたちは、こうした動きにも注意を払っていかなければなりません。

なお、この部分は第３章でも説明します。

06

どうせ買うなら消費増税の前に買う

★消費税率は2019年10月から10%に引き上げられる

近年では日本の国家予算の約3分の1が国債の大量発行によって賄われているのが現状(63ページ参照)であり、県や市といった地方公共団体においても同じような状況に置かれています。

とまらない増税路線

これは国家予算のベースとなる税収(法人税・所得税・相続税・消費税など)が、なかなか思うように伸びていないことが根本的な原因です。ところが日本企業の国際競争力の強化や海外企業の日本進出を促進するという目的のため、アベノミクスでは法人税率が段階的に引き下げられ、2018年からは23・2%となっています。

おそらく国債の大量発行を継続しつつ、時間を稼ぎながら財源不足をどこかで補うための応急措置や試行錯誤が続くことになりそうですが、どう考えても行き着く先は**増税**という負担増にあることは明白です。

●図2-13　2019年度予算の一般会計歳入

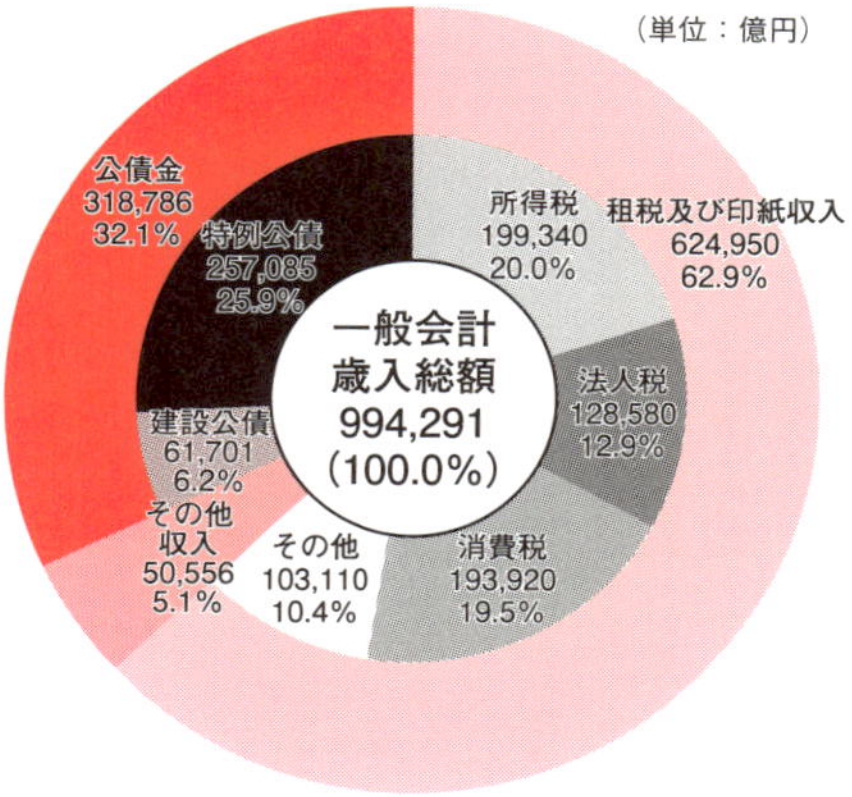

出所：財務省資料

消費税増税は10%では終わらない

　ところが日本の消費税率はというと、2014年4月1日より8%に引き上げられ、さらに**2019年10月1日からは10%に引き上げられる**ことが決まっています。当面はこの3回目の引き上げで一息つけるのかもしれませんが、今後も増え続ける社会保障関係費などを賄うためには、**少なくとも20%までの引き上げが避けられない**ともいわれています。

　そもそも消費税は、所得の多寡（累進性）に関係なく一定の税率で平等に課税されるものです。こうした点から国家予算の財源としては比較的課税しやすい分野といわれています。したがって日本の経済社会の状況次第では、良きにつけ悪しきにつけ、これからも消

●図2-14　付加価値税率（標準税率）の国際比較

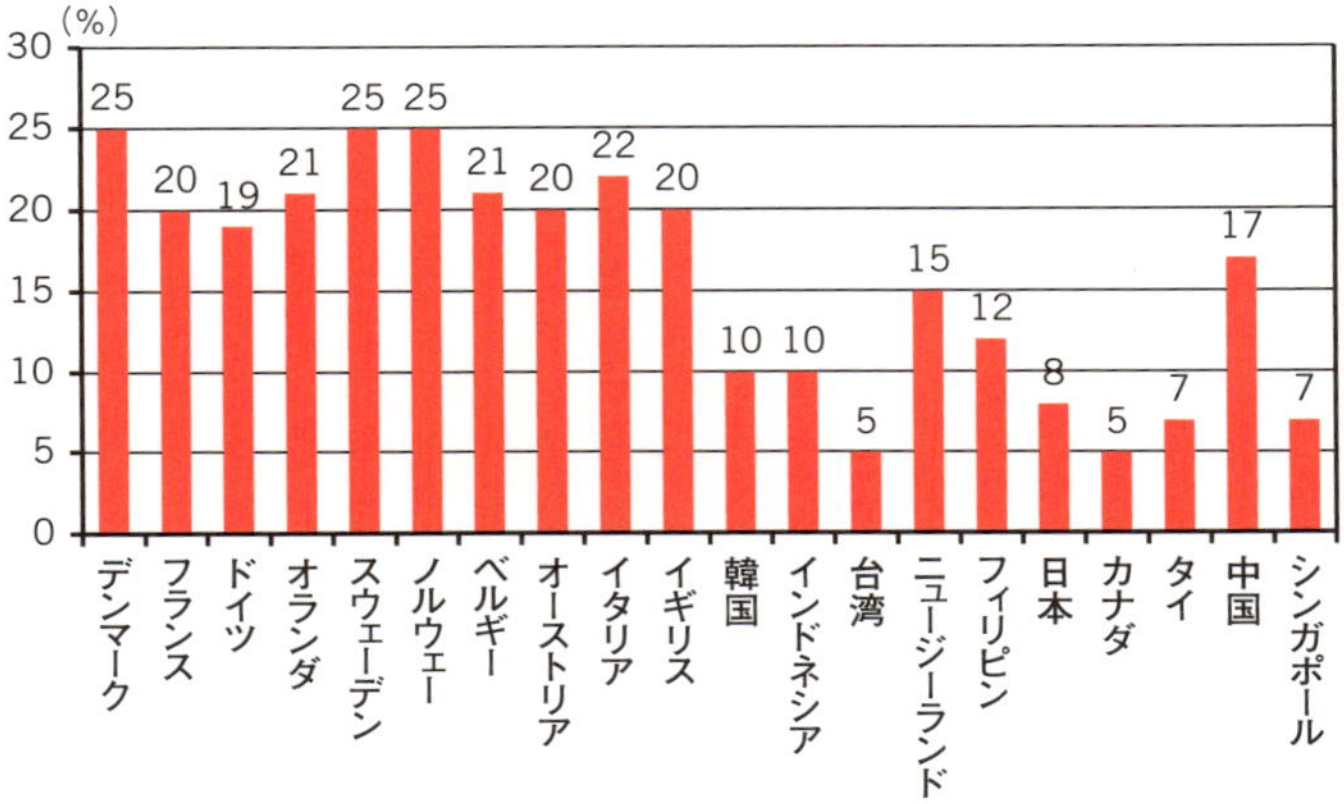

※2018年１月現在（日本除く）　　出所：財務省資料

費税率が矢継ぎ早に引き上げられるといった局面も覚悟しておかなければなりません。

また日本の消費税率は、10％になったとしても諸外国からみればまだまだ非常に低い水準にあるという現実があります。家計への影響が大きいことから常に議論となりますが、まだまだ税率の引上げ余地が大きいと考えておかなければなりません。

こうした中、私たちは、せめて今後の消費税の引き上げに対する何らかの対抗策も考えておく必要がありそうです。その1つとして、金投資の活用を真剣に考えてみてはいかがでしょうか。

なお、第3章の92ページでは、**消費税と金地金やコインの売買との関係**についても、具体的に解説しています。

07

金投資はもはや富裕層だけのものではない

★小口の金投資なら「ドルコスト平均法」が一番安心

個人投資家が金相場の動向などに一喜一憂することなく、じっくりと安心して資産を着実に殖やすためのわかりやすい方法について確認しておきましょう。

ドルコスト平均法なら平均買値を安くできる

たとえば「金投資を始めてみたいが、買った後に下落したらどうしよう」「2〜3年後に使い途が決まっている資金では不安だ」「金地金を複数回に分けて買うのは面倒だ」といった考え方や不安をもつ方は少なくありません。このような方々には**ドルコスト平均法**の機能を活用した究極の「安心投資法」がピッタリくるのではないでしょうか。

このドルコスト平均法はアメリカで開発された投資法であり、その時々の金価格の動きや投資のタイミングなどには関係なく、金融機関での口座引落しにより金地金を定期的（毎月）に継続して一定金額（たとえば3000円）ずつ購入するという方法**（定額買付）**です。

●表2-2　定量買付と定額買付（ドルコスト平均法）の比較例

買付金額（1g）	定量買付		定額買付	
	買付数量	買付金額(円)	買付金額(円)	買付数量
4,800円	5g	24,000	20,000	4.16g
4,500円	5g	22,500	20,000	4.44g
4,600円	5g	23,000	20,000	4.34g
3,800円	5g	19,000	20,000	5.26g
3,200円	5g	16,000	20,000	6.25g
4,050円	5g	20,250	20,000	4.93g
計	30g	100,750	100,000	29.38g

※手数料を考慮せず。1g未満以下3位を切捨

平均買付価格（1g当たり）	4,158円	4,084円

※1円未満切捨

このドルコスト平均法を利用すると、金価格が高いときは少ない数量しか購入できず、逆に金価格が安いときには多くの数量を購入することになります。そしてこの方法で金地金を長期間買い続けると、一定数量を複数回あるいは定期的に買い付ける方法（**定量買付**）に比べ、1g当たりの平均取得価格を安くできるという効果があります。いつ、どのくらいの金額で買ったらいいのか、というわずらわしさとは無縁の方法でもあります。

下落トレンド時に適している

中長期的なスパンで考えれば、いずれかの時点において国際金価格の上昇と円安というダブルメリットを享受できるときがく

るかもしれません。ただこの方法は①金価格が下落トレンドにある、②安値圏で低迷している、③上昇トレンドの初期や中期にあるといった局面などで、より大きな威力を発揮するという点に留意してください。

したがって金市場が大幅な上昇局面の最中にあるときは、当然のことながら平均買付価格も徐々に上昇してしまいます。このような局面では毎月の買付金額を減らすとか、一時的に買付けをストップして、**価格の下落時にまとまった一定量を購入するなどの機動的な工夫**も必要になってきます。

そして金価格の大幅な上昇局面では、タイミングをみて一度売却（利食い）しておくのも有効な選択肢の1つになります。また買付けを一時ストップして様子を見ながら、大幅な下落局面や安値圏で低迷するときなどに再び一定金額で買付けをスタートさせることにより、金市場の動向に一喜一憂したり大きな不安に惑わされることもなく、自分の資産を安全かつ着実に殖やすという方法も効果的といえます。

このようにドルコスト平均法を活用した投資方法は、まさに小口の投資家や初心者の方にうってつけの方法といえます。こうした方法を活用した金投資関連商品に「**純金積立**」という商品があります。

この純金積立については第5章でも説明しています。

08

日本が武力紛争当事国となる日がくるかもしれない

★たった1枚の金貨が自分と家族の命を守ることもある

ここでは日本の地政学的リスクについて少し考えてみましょう。

日本は平和憲法の下、世界的にみても戦争を放棄している数少ない国の1つです。しかし残念ながら、この地球上から国家間や民族間の争いがなくなることは今のところまずないでしょう。

米国の影響力低下により各地で高まる地政学的リスク

東西冷戦が終結した後のアメリカ合衆国は、アフガン戦争やイラク戦争の長期化やリーマン・ショックなどを契機として、それまでの「一極支配体制」に基づいた「世界の警察官」としての威厳をいつのまにかどこかに置き忘れてしまったようです。このことにより国際紛争やテロの発生に対する抑止力が格段に低下したように思われます。いやむしろ多発する可能性の方が大きいといえます。中国、ロシア、北朝鮮などに包囲されているかたちの日本は、ひとつ間違えれば武力紛争や戦争の当事国にならないとも限りません。

●中国の台頭で高まる東アジアや南シナ海の緊張

ところで2021年には中国共産党が大きな節目となる創建100周年を迎えます。その中国は、米国をもしのぐ覇権国家をめざし、「台湾の解放」「世界中の海洋権益の確保」「人民元経済圏の確立」をもくろんでいます。たとえば東シナ海における尖閣問題、南シナ海の島々の領有権問題を巡る日本、ベトナム、フィリピンなどへの一連の挑発行為は、そうした**核心的利益**を実現せんがための軍事的なデモンストレーションだといえます。

また経済面でも、**中国主導の現代版シルクロード「一帯一路」**を強力に推進し、オーストラリアのダーウィン港、スリランカのハンバントタ港などにみられるように、世界中に海外拠点を次々に設けていますが、その強引な手法が原地国との間で軋轢も生じています。

●ロシアと欧米との新たな冷戦の懸念

2014年のロシアによるウクライナのクリミア半島併合から5年が経過しましたが、国際社会の非難にもかかわらずロシアの実効支配が進む中、ウクライナ東部でも親ロシア派と政府軍との間で、依然として緊張状態が続いています。またロシアと中国が手を結び日米欧に対峙することで、日本の地政学的リスクが一段と高まることも考えられます。

●緊迫の度を強める中東情勢

2018年5月、米国は2015年に締結されたイラン核合意から一方的に離脱を宣言し、イラン産原油の全面禁輸などの経済制裁を加えるとともに、日本やＥＵ各国にも追随するよう要求しています。２０１９年６月の何者かによるタンカー攻撃事件を機に、両国の間で軍事的緊張がいっそう高まっています。

●米朝の駆け引きが続く北朝鮮問題

このほか日本の安全を脅かす地政学的リスクとして、北朝鮮リスクを忘れることはできません。２０１８年６月12日、シンガポールで史上初の米朝首脳会談が行なわれ、一気に緊張緩和ムードが高まりました。翌２０１９年２月にはベトナムのハノイで第２回の米朝首脳会談が行なわれましたが、その場での北朝鮮非核化の合意には至りませんでした。これで一時の楽観ムードはなくなりました。Ｇ20後の６月30日には３回目の米朝会談が板門店で行なわれましたが、これからも米朝だけでなく韓国、日本、ロシア、中国も交えての駆け引きが続くものと思われます。

将来的には、冒険主義的な国家といわれる北朝鮮と韓国との間で一触即発の事態が発生しないとも限りません。朝鮮半島で有事が勃発しないという保証はどこにもありません。

安全資産としての金に着目しよう

平和ボケした国家とも揶揄される日本ですが、外交政策の不手際や歴史のいたずらにより、日本が**武力紛争の当事国、最悪の場合は戦争当事国となり得るリスク**は徐々に高まることはあっても、消えてなくなることはないでしょう。

また、2014年7月、安倍自民党内閣は現行憲法の下での**集団的自衛権の行使容認を閣議決定**しました。これも従来では考えられなかったことです。近年は、大型の空母型護衛艦「いずも」と「かが」の就役、陸上型の弾道ミサイル防衛システム「イージズ・アショア」の導入や最新鋭戦闘機「F35」の大量購入を決めるなど、防衛装備の出費がかさみ、防衛費の延びは2019年度予算で5年連続で過去最高を更新しています。

◆金は最後の拠り所

このように考えると、私たち日本人は将来的に懸念される有事（政治的な有事）に備えておく必要性が理解できるのではないでしょうか。たとえば経済的な混乱による悪性インフレの脅威や武力紛争・戦争の長期化といった事態は、その国の通貨の信用を簡単に失墜させるだけでなく、私たちを何ら拠り所のない不安の中に放り出すことにもなります。

こうしたことへの対策の1つとして、**「最後の拠り所」（ラスト・リゾート：安心感）**ともいわれる金の有効性に着目してみてはどうでしょうか。たった1枚の金貨がコメ1俵あるいは1杯の水、一切れのパンの代わりとなり、自分と家族の命を守ってくれるかもしれません。

このように金にはマーケット・バリュー（市場価値）だけではなく、万一や有事に備える「お守り」（安心感）としての**センチメンタル・バリュー（感情に訴える価値）**という、ほかの金融商品にはない特徴があります。

第3章

金の持つ資産防衛機能（保険機能）で金融危機に備える

01

厳しい難局が予想されるこれからの時代

★想像もしなかった悲惨な時代が待っているかもしれない

私たちにとって、日頃から将来的に起こりうる様々なリスクについて考え、中でも特にその可能性の高いリスクについて備えて十分に認識しておくことは非常に有意義なことではないでしょうか。ともすれば多忙な日常生活への対応に追われ、それどころではないといった読者の方々も少なくないと思います。しかし、まあそうおっしゃらずに、少なくともどんなリスクがあるのかを真剣に考える時間ぐらいはもつようにしたいものです。

最悪の事態に対する対策こそ有効なリスクヘッジ

たとえば、大地震や大災害のような不測の事態といえるようなリスクがある一方で、その時々の状況から考えて、ある程度の予想ができて、それに対して備えておくことができるようなリスクもあります。重要なことは、**現実のものとして起こる可能性が高いリスクに備えておかなければならない**ということです。

ところで、アベノミクスというと聞こえはいいのですが、要するに安倍首相が暗中模索

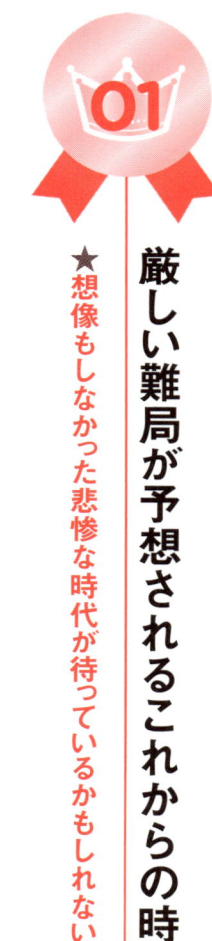

の状態に陥りどうにもならない日本の政治や経済に対し、大きな「賭け」に打って出ただけのことです。もしかしたらこれにより日本経済に好循環が生まれるきっかけになるかもしれません。しかし、元の木阿弥に終わり、失われた20年よりもっと悲惨な状況が訪れることだってないとはいえません。その方がはるかに大きな問題なのです。

第3章では、アベノミクスの失敗という悪いシナリオを想定した場合に、懸念される日本の経済的な有事について、少し踏み込んだお話しをしてみましょう。そしてそうした対策の1つになるかもしれない、**資産防衛機能をもつ金投資をどう活用したらいいのか**、というお話しもします。仮に予想されるリスクが現実のものにならなかった場合でも、最悪の事態が回避されたことになるわけですから、それはそれで「よし」とすればいいだけの話しです。しかし現実になった場合は、安心感のある生活設計どころではなくなることも覚悟しなければならなくなります。

したがってなによりも大切なことは、こうした予測の当たり外れにあるのではなく、これから起こりうるリスクやその対策について、日頃から情報収集したり、考えておく習慣を身につけておかなければならないということです。それこそが、より安心感のある実り多き人生設計に少しでも近づくための知恵であると思います。

02

出口戦略の見えないアベノミクスで強烈な逆風も

★金融緩和は一歩間違うと悲惨な状況を招く

アベノミクスというのは「3本の矢」から構成されています。第1の矢は大胆な金融政策、第2の矢は機動的な財政政策、第3の矢は民間投資を喚起する成長戦略となっています。そして、これらの政策の底流に流れるものとして、**財政再建**が含まれています。実はこの財政再建こそが、今後の日本の経済社会を大きく左右する最大のテーマとなります。ところがここにきて、第1の矢である大胆な金融政策に大きな不安がしのび寄りつつあります。

アベノミクスの目的と現状

この第1の大胆な金融政策は、金融緩和により潤沢な資金を市中に供給し、さらには**異次元の金融緩和**により、株式・不動産といった資産価格の引き上げや個人消費・企業業績の拡大などに結びつけようとするものでした。そして一定の成功を収めたといってもいいでしょう。第2の機動的な財政政策は、公共事業を中心とした積極的な財政出動（政府支出）による景気の底上げという点では、同じく一定の効果を発揮したといえます。ただ同時に国債の大量発行をともない、**国債発行残高や公的債務残高を一段と増加させる**というリスクをはらんでいます。

第３の民間投資を喚起する成長戦略は、企業の国際競争力向上のための**法人税率の引き下げ**が大きな目玉となり、３本の矢の相乗効果による日本経済の好循環を引き出すことにより、日本経済を安定的な成長軌道に乗せようとするもので、民間設備投資の拡大をはじめ、やはり一定の成果があったといえます。

出口の見えないアベノミクスに漂う暗雲

こうしたアベノミクスの目玉政策と日本経済への実際の波及効果という点から眺めて見ると、たしかにアベノミクスはデフレからの脱却という点は先送りとなっていますが、あの「失われた20年」で苦しみもがき続けてきた日本経済がアベノミクスにより曲がりなりにも安定的な成長軌道に乗ったという点では、一定の評価をせざるを得ません。

しかし平和ボケと揶揄される私たち日本人は、これだけのことで安心していいのでしょうか。というのは金融緩和政策というものは最終的に「**出口戦略**」という「後始末」を避けて通ることはできません。そしてこの後始末こそは、金融緩和政策の次元が高くなれば高くなるほど、やっかいで一筋縄ではいかなくなります。そしてそれは大きな「負の影響」をもたらす可能性が大きいからです。

つまりあのリーマンショックから今日までの間に、日本銀行が金融市場に放出してきた気の遠くなるような超大規模な資金量を、これからは緩和規模を縮小し、さらに逆に徐々に回収（金融引締め）しなければならないということです。

具体的には、これからは日本銀行が政策金利（無担保翌日物コールレート）を引き上げたり、これまで日本銀行が市場から購入し続けてきた大量の「公社債」「投資信託」（ＥＴＦや不動産投資信託など）を市場で売却しなければならなくなります。

マーケットにとっては、これまでとは反対に、日本銀行が購入した金融商品の大規模な**「売り要因」**として跳ね返ってくることになります。こうした流れが現実のものになれば、少なくとも国内の金融市場は一時的にせよ「パニック」になるだろうことは容易に想像することができます。したがって日本銀行には、マーケットへの影響が軽微になるような慎重な対応が求められます。

日本銀行が日本株式の最大株主になる

ところで株式市場や公社債市場（債券市場）では、日本銀行の存在感が日に日に大きく

●表3-1　日銀が筆頭株主と見られる主な企業

社名	実質保有比率（%）	社名	実質保有比率（%）
日東電工	15.3	東海カーボン	11.0
ファナック	12.7	安川電機	10.3
オムロン	12.5	サッポロHD	8.0
日本ハム	12.2	ユニチカ	6.7
宝HD	11.7	京王電鉄	6.3

（注）3月末時点、日銀買い入れ基準と日経会社情報DIGITALの株主情報などから推計、一部省略
出所：2019年４月16日・日本経済新聞

なりつつあります。日本銀行は、今後もこれまでのペースでＥＴＦ（上場投資信託）の購入を続けると、**２０２０年末にも日本最大の株主になる見通し**です。

具体的には、日本株に投資する上場投資信託（ＥＴＦ）を年間６兆円購入しており、保有残高は２０１９年３月末時点で28兆円強にも上っています。このままのペースを続けると２０２０年11月末には約40兆円に達するといわれています（２０１９年４月16日・日本経済新聞）。

日本銀行はＥＴＦの保有を通じて日本株を保有していることになります。そして現在、日本銀行は上場企業の約半数で上位10位以内の大株主となり、数社においては実質的な筆頭株主となっています。

ちなみに現時点で日本銀行が保有しているＥＴＦについては、仮に東証株価指数（ＴＯＰＩＸ）が１３５０ポイント、日経平均株価２２５が１万８０００円を下回ると、「**評価損**」が発生するとされています。

このようにこれまでとは逆に、数十兆円規模の資金が株式市場から流出するほか、これまで国債を購入し続けてきた数百兆円規模の資金が公社債市場（債券市場）から流出することになるわけです。このように考えると、国内株式市場や国内債券市場に与える影響は決して小さくはなく、株式市場や公社債市場は暴落によるパニックとまではいかなくても、少なくとも金融市場は不安定な状況に陥る可能性が極めて高くなるということです。

国内金利の上昇は国家財政の破綻につながる

こうした中で最も懸念されることは、株式市場もさることながら公社債市場（債券市場）に対する強い「売り圧力」が債券価格の下落を招くことになり、逆に「**利回りの上昇**」国内金利の上昇）となって日本経済に大きくはね返ってくるという点です。

というのは現在の日本の１００兆円を超える国家財政（国家予算）のうちの実に約「４分の１」は、なんと「国債の利払い」（国債関係費用）に消えています。さらに「国債関係費」と「社会保障関係費」とを合わせた合計額は、驚くなかれ国家財政のほぼ「半分」を占めるに至っています。

ここまでくればもうおわかりだと思いますが、公社債市場（債券市場）の暴落や急落による国内金利（債券利回り）の大幅な上昇は、それでなくとも苦しい状況にある日本の国家予算をさらに大きく膨張させることにつながるため、結果としてさらなる「赤字国債」の増発を余儀なくされるということになります。

このように考えると、アベノミクスの目玉の1つである「財政健全化」どころか「**財政破綻**」につながるという懸念がいよいよ現実のものになってきます。ちなみに日本の国債の格付けは、かつては最高位の「AAA（Aaa）」（トリプルA）でしたが、現在では「A＋（A1）」（シングルA）に甘んじています。投機的格付けである「BB」（ダブルB）まであと5～6段階しか残っていません。

そして日本国債のさらなる格下げも現実味を帯びてくることになり、あのかつての欧州債務危機の際のEU参加国（特にギリシャ、スペイン、アイルランド、イタリア、ポルトガルなど）の惨憺たる様子が目に浮かんできます。わずか2～3年の間に「優良な格付け」からあっという間に「投機的な格付け」に格下げされたという生々しい記憶がまざまざとよみがえってきます。

このような悪い金利の上昇や国債の投機的な格付けにともなう国家財政の破綻といった「経済的な有事」に対しても、金を保有していることにより、私たちの生活設計上の不安を多少なりとも和らげてくれるという効果や安心感をもたらしてくれます。まさに「**有事の金**」を実感させられることになります。

03

しのび寄る世界経済危機の足音

★世界の債務がこの10年間で4割増と急増している

世界の債務がこの10年間で4割増と急増している

あの「100年に一度の危機」と呼ばれ、世界中を震撼させた「リーマン・ショック」から、2018年9月15日で10年が経過しています。この間、景気拡大が11年目に入る米国経済を牽引役とし、ようやく世界経済はあの忌まわしい経済危機を克服するに至っています。ただこれで世界経済には不安や死角がなくなったといえるのでしょうか。いま世界経済には「新たな危機の芽」が頭をもたげつつあるようです。

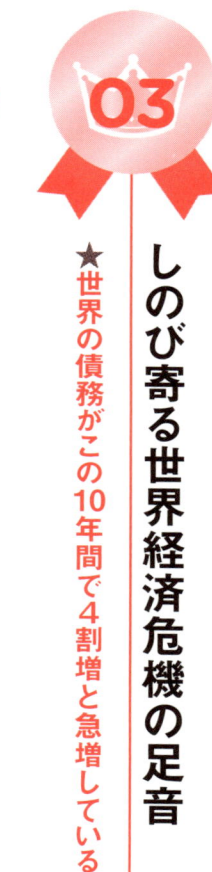

これまで世界的に未曾有の金融緩和が続いてきたこともあり、世界が抱える債務は「2・7京円」と危機前の水準を上回って最大規模にまで積み上がっています。こうした中、あの著名な投資家であるジム・ロジャース氏は、ある日本のメディアとのインタビューの中で以下のような警告を発しています。

具体的には、「次の金融危機が近づいているのは確実であり、2008年以降に債務を膨らませすぎたため、経済危機のレベルはリーマン・ショックを上回る史上最悪のものになるだろう」、そして「中国での想定外の企業や地方自治体などの破綻が火種となるだろう」とも警告を発しています。

国際金融協会(IIF)によれば、ここにきて世界の債務残高(政府・企業・家計・金融機関)は、2018年3月末時点で247兆ドル(約2京7000兆円)にも達し、2008年比では75兆ドルも増加したことになります。一方、この間の世界のGDPの合計額は24兆ドル増に止まり、GDP比でみた債務規模は2・9倍から3・2倍にまで拡大したことになります。そしてこの増加した債務の代わりに世界中にばらまかれたマネーの多くは、世界の金融市場に向かったことになります。

その結果、世界の株式時価総額は52兆ドルも増加し、約2・6倍に急拡大しています。同じく不動産の時価総額も、2017年だけで6%増加し281兆ドルに達したといわれています。こうした現実に対し経済危機は起こらないなどと誰がいえるでしょうか。

あの証券化商品が世界経済の新たなリスクに

リーマン・ショックの際には、信用力の低い「サブプライムローン」を組み込んだ債務担保証券が経済危機の主役を演じていました。しかし現段階では、そうした債務担保証券の割合はピークの2～3割に減っています。そしてそれに代わって格付けが低い企業への融資をまとめた**「ローン担保証券」（CLO）と呼ばれる証券化商品が世界経済の新たなリスク**になってきています。

最大市場である米国での2018年におけるその残高は6100億ドル（68兆円）超と、リーマン・ショックが起きた2008年の2倍に上っています。仮に景気の悪化により企業倒産などが増えるようであれば、こうした金融商品に投資をしている各国の金融機関に打撃を与えることになるため、米連邦準備制度理事会（FRB）も警戒し始めたり、日本の金融庁も証券化商品に対して新たな規制を導入しようとしています。

このCLOについてもう少し詳しく説明しましょう。米国では信用格付けが投機的であるBB（Ba）以下の企業に対する融資である「レバレッジド・ローン」の市場規模が1・1兆ドルとこの6年間で倍増しています。CLOは、こうした劣化した融資を証券化して世界にばらまいた形となっています。

このCLOは、運用難に置かれている日本の銀行等も保有を増やしています。国内金融機関の証券化商品の保有残高は2018年9月末で34兆円余りと、5年3か月ぶりの高水準となっています。まさに経済危機へのマグマがたまりつつあるといえます。また日本の大手金融機関はこうした資産を厳しく選別したり、組み入れられた米企業のリスクを分析

●図3-1　米国のローン担保証券の残高推移

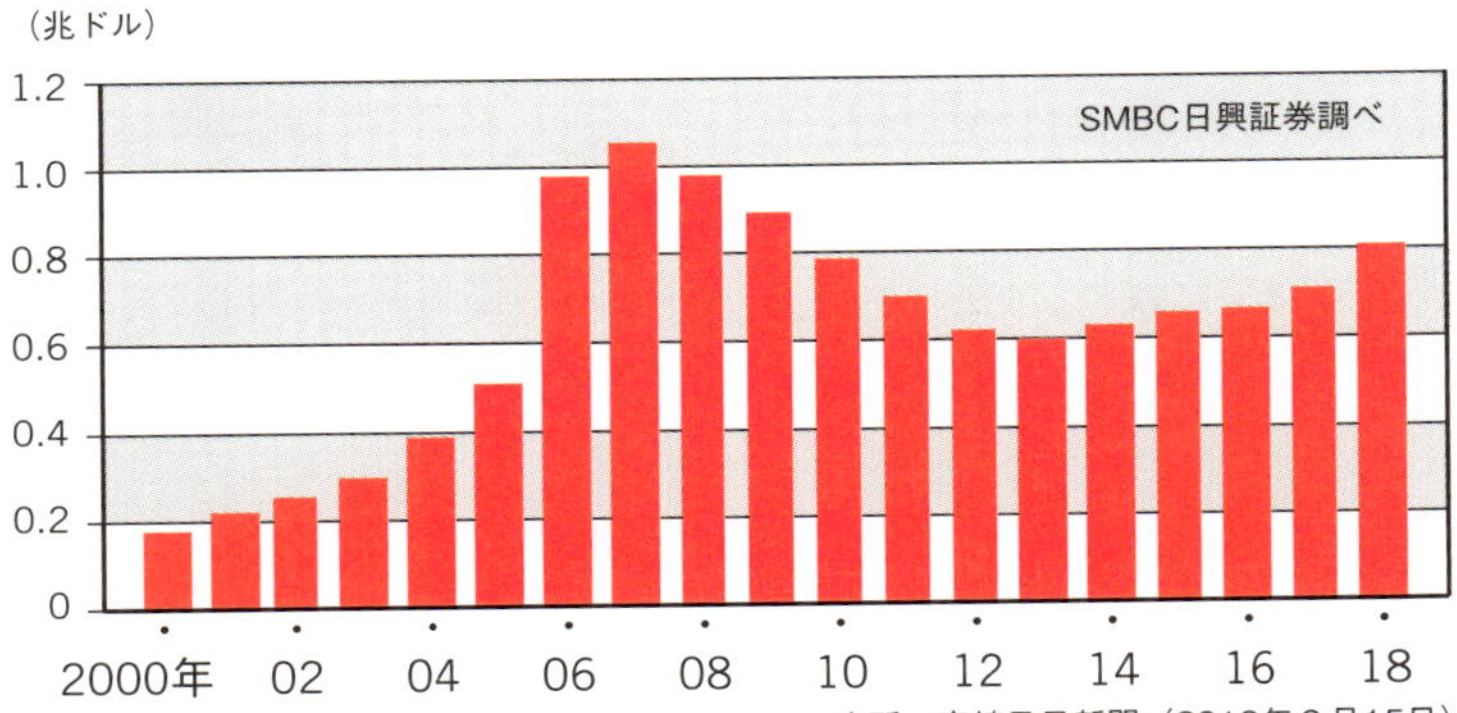

出所：宮崎日日新聞（2019年３月15日）

したりしていますが、日本の地方銀行や信用金庫等の中にはリスクを判別できないままに、単に利回り重視で購入しているという安易な例もあるようです。こうした傾向が世界的にさらに蓄積されていくようであれば、リーマン・ショックの再来につながらないともかぎりません。今後も中国経済の動向と合わせて、しっかりと注視していかなければなりません。

ただかつてのギリシャ危機やリーマン・ショックの際にも見受けられたように、こうした**「経済的な有事」（危機）に対しても金市場は大きく反応し、金のマーケット・バリューが思う存分発揮されることにより、思いもよらない価格の大幅な上昇という恩恵に預かれる可能性が大きい**ことも確かです。ここにも金の「リスクヘッジ機能」が発揮されているといえるでしょう。

04

消費税は10％どころか20％の時代がやってくる

★金取引は消費税率の大幅引き上げにも対抗できる

日本の消費税率は、２０１４年4月より5％から8％へと引き上げられました。そして２０１９年10月から10％に引き上げられる予定です。一方で日本の**公的債務残高**（国債＋地方債＋借入金の合計）は、国内総生産（ＧＤＰ）の約２・４倍（２０１８年）と、世界でも類をみない最悪かつ危機的な水準にあります。

この２・４倍という数値自体は、公的債務問題で大きく揺れたギリシャより格段に悪い状況にあります。もはや日本は取りやすいところから税金を取ることしか考えない国になりつつあり、これからも、最もとりやすい消費税が最大のターゲットになるでしょう。しかもアベノミクスの結果の如何に関係なく今後も高水準の国債発行が続くことを考えれば、**さらに財政赤字や公的債務残高が拡大していく**ことは明らかです。

10％でも日本の消費税はまだ低い

ところで読者の皆様は、日本の消費税率８％が世界でもかなり低い部類に入ることをご存知でしょうか。従来から北欧の国々（スウェーデン・ノルウェー・フィンランドなど）の付加価値税率（消費税率）が高いことはよく知られています。しかし世界には、付加価値税率が20％を超える国がいくらでもあります。

２０１８年４月現在、ハンガリーの27％を筆頭に、デンマーク・スウェーデン・ノルウェーなどが25％、そのほか20％以上の国が33か国、そして10％台後半の国が30か国以上もあります。このほか消費税率が低い国としては、カナダ・台湾が５％、シンガポール・タイが７％、日本が８％と、依然として先進国の中での日本の消費税率の低さが際立っています。このように日本人は消費税率に関しても、これまでどっぷりとぬるま湯に浸ってきたことがよくわかります。もはや日本人には本当の意味での自立が求められています。私たちは、今まで以上に自分や自分の家族は自分で守らなければならなくなるのです。

金投資で消費税を逆手に取る

このような先行き不透明な時代の中で、私たちはちょっとしたアイデアさえも活用しながら自分の資産を保全しつつ、命から２番目に大切な資産を確実に殖やしたり防衛したりするスベを身につけなければなりません。日本人には、こうした「たくましさ」が求められています。

ところで金地金の売買に消費税が関係することは第1章でも説明しました。普段、私たち消費者が商品（モノ）を購入する際には、商品価格に消費税を上乗せした金額を支払っています。ただ私たち個人は、あくまでも消費税を支払う立場にすぎず、消費税を受け取るような立場になることはまずありません。ところが金地金の売買の際には、購入時に金価格に上乗せされた消費税が、売却時の金価格にも上乗せされて戻ってきます。つまり**消費税を受け取る立場になる**わけです。

商品取引業界でも金取引の最大手である第一商品株式会社によると、消費税率が引き上げられる前の２０１４年３月（税率５％）における金地金の販売量は９６４・５kg（約44億円相当）に達し、２００２年以降では最高の販売数量を記録したということでした。

特に最終３営業日だけの販売数量は６８８・５kgと、消費税率の引き上げに対する投資家のすさまじいまでの購入意欲をうかがい知ることができました。そしてこれら３月中に購入した投資家のうち、57％がはじめての金購入者とのことでした。また興味深いことに、消費税率引き上げ後の４月（税率８％）には一転して金地金の売却が急増し、特に３月中の購入者だけに限定した場合、４月14日現在でなんと４１２kgの金地金が売却されたとのことでした。このことは**消費税率の差額（３％）を目当てにした超短期売買**がいかに活発に行なわれていたかを物語っています。

05

米国債務上限問題で米国債が格下げになる？

★Ba（BB）以下はデフォルトの一歩手前

財政が破綻すると国債はデフォルト（債務不履行）を起こす

一般的に、国債は安全でリスクが最も低い金融商品といわれます。ただし、国債を発行する国が健全な国家財政の下、定期的に利息が支払われ満期時には投資元本が投資家の手元に確実に戻るという信用があることが大前提となります。ちなみに国債は、国が利息と元本を保証しています。

ただ時として、ギリシャ国債やアルゼンチン国債のように**デフォルト（債務不履行）**が起きたりすることもめずらしくはありません。そのような場合にはその国の国債は紙切れ同然になってしまいます。最近では、**ベネズエラ**にそうした危機が迫っているようです。

また、米国では2019年3月2日、公的債務残高の限度額である「**債務上限**」が復活しました。現在の約22兆ドルの債務上限について米議会が9月以降引上げを認めない場合、米国債のデフォルトもあり得るといわれています。

ギリシャ・ショックで金利や格付けはどうなったか？

あのギリシャ・ショックを契機に短期間のうちに南欧諸国の金利急騰や格下げが相次ぎ、ユーロ危機に発展した問題は、日本国債の今後の行く末を判断する際の参考になる点が少なくありませんでした。経済規模や政治状況が異なるため単純に比較はできませんが、日本国債や米国債にも決して安閑としてはいられないことがわかると思います。

ところで、極めつけのギリシャについては、２００８年末の格付けでは最上級から５番目のＡ１と、それほど悪いランクではありませんでした。しかし、その後に７回にわたって格下げされ、２０１１年７月には投機的債券としても最下位となるＣ（シングルＣ）にランクされています。たった２～３年の間の激変ということになります。

そしてこの間の国債利回りはというと、ギリシャ国債は37・10％（２０１２年３月）にまで上昇し、ギリシャ国債の利回りの急騰ぶりが際立っています。このように格下げが本格化してくると、つるべ落としのように短期間（１～２年）のうちに危機が簡単に現実のものになってしまうことがよくわかります。

もし日本国債が同様の事態になったらとしたら、その際は世界中にギリシャとは比較にならないような大きな激震が走ることになるでしょう。

●表3-2　自国通貨建て長期債務の格付け（2018年6月現在）

国名	自国通貨建て長期債務	
	ムーディズ	S & P
オーストラリア	Aaa	AAA
カナダ	Aaa	AAA
デンマーク	Aaa	AAA
オランダ	Aaa	AAA
スウェーデン	Aaa	AAA
ノルウェー	Aaa	AAA
シンガポール	Aaa	AAA
スイス	Aaa	AAA
フィンランド	Aa1	AA+
オーストリア	Aa1	AA+
米国	Aaa	AA+
香港	Aa2	AA+
フランス	Aa2	AA
ニュージーランド	Aaa	AA+
英国	Aa2	AA
ベルギー	Aa3	AA
クウェート	Aa2	AA
韓国	Aa2	AA
チェコ	A1	AA
台湾	Aa3	AA−
エストニア	A1	AA−
カタール	Aa3	AA−
イスラエル	A1	A+
中国	A1	A+
日本	A1	A+

出所：ファイナンシャルスター（https://finance-gfp.com/?p=5538）より抜粋

◆嵐の前の静けさのような日本国債はどうなる?

２０１９年４月末現在、世界でも突出している公的債務残高に苦しむ日本の国債は、最上位のＡａａ（トリプルＡ）から5番目のＡ＋（Ａ1）にランクされています。

一方で、日本の10年国債の利回りはほとんどゼロに近い水準にあります。ながびく超低金利と異次元の金融緩和の下、日本銀行による大規模な国債の買付けが行なわれているため、まるで嵐の前の静けさのように長期金利は静寂を保ち続けています。

「金」でリスクをヘッジする

ここで読者の皆様方に1つの提案があります。万一の場合のヘッジの代わりとして、**一金融機関につき１０００万円を超える預貯金を預けている場合、そのうちの一定割合を金地金やコインにしておく**といったアイデアはどうでしょうか。

確かに金には利息はつかず、価格は変動し元本保証もありません。しかし万一の場合でも、ペイオフにより金の元本がカットされたりゼロになることはありません。また日本発の経済的有事が起きても、金価格がギリシャ・ショックをきっかけに大きく上昇したことを考えれば、同じように金価格の大幅な上昇要因となる可能性が高くなるように思われます。こうした点にも金を保有する大きな理由があります。

06 貿易収支・経常収支の赤字は金投資には追い風

★稼ぐ力がさらに弱くなると日本の円は下落が加速する

青天井のような財政赤字や公的債務残高、そして一向に歯止めのかからない社会保障関係費の膨張といった憂慮すべき日本にさらに追い討ちをかけるものとして、日本企業の国際競争力の低下や貿易収支の赤字化の兆しという問題があります。

日本国債の消化は国内だけでは賄えなくなる？

ところで一国の稼ぐ力というものは、一般の家庭でいえば年収・可処分所得・資産運用力などに相当するものです。たとえば家計費に占める過大な借金（住宅ローンなど）がある場合でも、その家庭に稼ぐ力さえあれば返済に窮することもなく、一定の安心感のある生活設計を維持することができるわけです。少子高齢化とあいまって、そうした稼ぐ力がこのところの日本からは失われつつあるようです。

さらに、ここにきて日本の経済社会に追い討ちをかけるような経済指標が明らかになっています。それは少子高齢化の進展にともない、資産を取り崩さざるを得ない高齢者等が

●図3-2　家計貯蓄率の推移

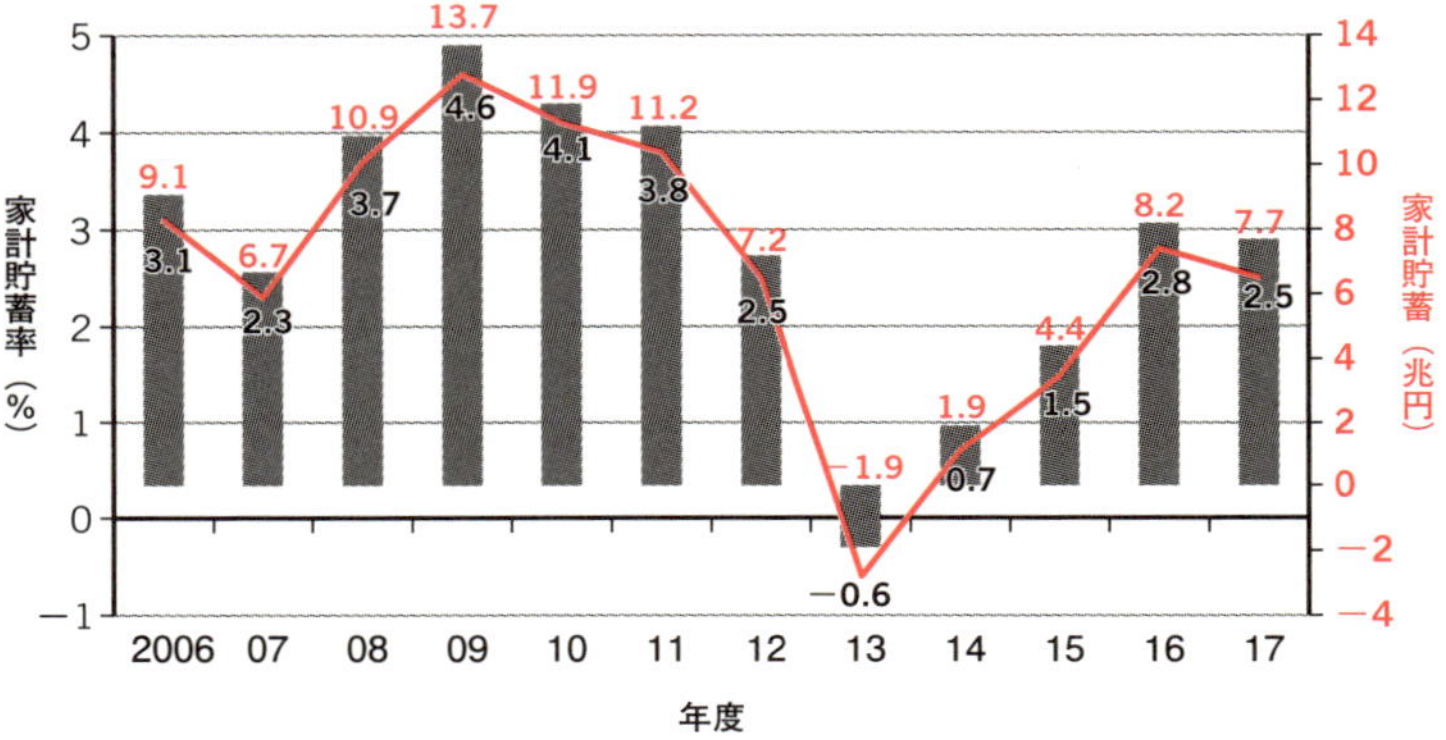

（注）家計貯蓄率＝家計貯蓄÷（年金受給権の変動調整（受取）＋家計可処分所得）

出所：平成29年度国民経済統計年次推計（フロー編）

増加しつつあるという現実です。団塊の世代がすべて65歳以上になっていることも、そうした預貯金の取り崩しの大きな要因の1つとして考えられています。また２０１３年度の日本の家計貯蓄率は、▲０・６で１９８５年以来のマイナスに転じています。１９８０年代は２ケタの増加が続いてきましたが、２０００年代からは低落傾向がみられます。

　こうした家計貯蓄率の低落傾向は、一過性なのか構造的なのかはわかりませんが、いずれにせよ今後は個人金融資産の大幅な増加が期待できなくなる中で、国債発行残高や公的債務残高だけが増加してゆくという構図が浮き彫りになりつつあります。

　そもそも日本国債の約90%は日本国内の銀行等の金融機関が保有し、残りの約10%のうちの約8％は海外投資家（ヘッジファンドなど）が保有しています。ただこれからの時代は、これまでのような国内の金融機関だけで国債を消化することは難しくなります。

現にこのところの海外投資家による日本国債の保有割合も12％程度にまで増えているようです。これからの日本国債の消化は、これまで以上に海外投資家の資金に頼らざるを得なくなり、海外投資家の保有割合も徐々に高まってゆくことが予想されます。このことはこれからの日本の債券市場の大きな波乱要因（悪い金利の上昇）になることを暗示しているのかもしれません。

経常収支や貿易収支の赤字化は大幅な円安要因となる

日本の稼ぐ力というと、まず競争力の高い輸出が稼ぎ出す貿易収支・経常収支の巨額の黒字が真っ先に頭に浮かんできます。

一般的に輸出額から輸入額を差し引いたものを貿易収支といいます。そして貿易収支にサービス収支（旅行収支）・第一次及び第二次の所得収支などを加えた合計額を経常収支（一国の対外的な経済力）といい、日本の総合的な本当の稼ぐ力を表しています。約15年前までの日本の貿易収支は年間で10兆円強の黒字と、世界の1～2位を争う貿易黒字国でした。また経常収支も同様で、年間で15～20兆円の黒字と、日本の稼ぐ力は群を抜いてい

●図3-3　貿易収支の推移

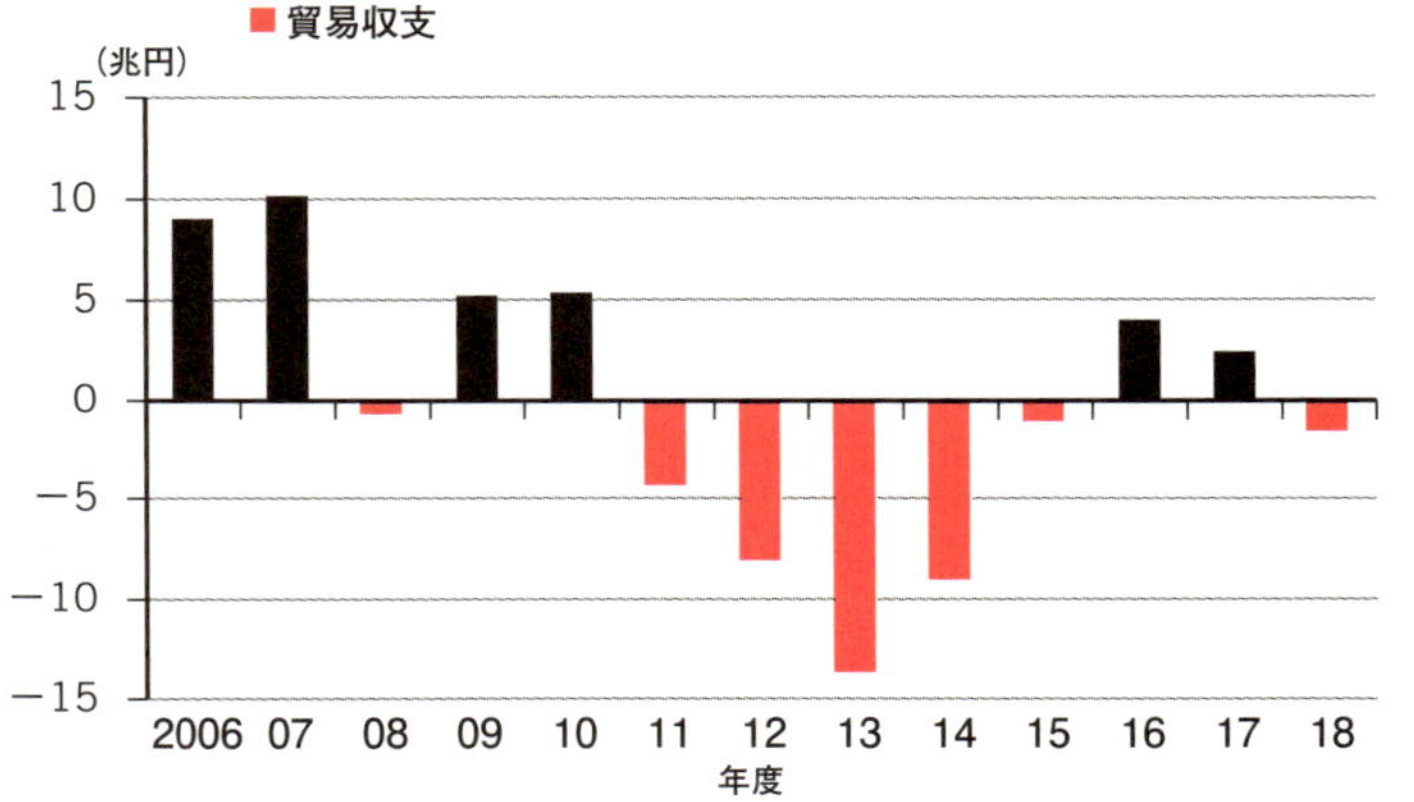

出所：平成30年度分貿易統計（速報）財務省

て世界の中でも一人勝ちの様相を呈していました。

そしてこうした日本の並々ならぬ稼ぐ力は、これまでのような国債の大量発行を可能にしてきました。ところが昨今では、これまでのような状況にも大きな変化が表れています。それは、日本企業の輸出競争力の低下や海外移転による現地生産の進展などに如実にあらわれています。

ちなみに２０１３年度の貿易赤字は、東日本大震災の影響も大きく13兆円を超えるに至りました。また経常収支も、第一次所得収支（直接投資や証券投資の収益）で10兆円を大幅に超える黒字でしたが、巨額の貿易赤字（10兆円超）を穴埋めすることができず、年間での黒字を大幅に減らすことになりました。直近でも2018年度は資源価格の上昇などにより、▲1・59兆円と3年ぶりの貿易赤字となり、2019年度も2年連続で貿易赤字となる見込みです。

そう遠くない時期に経常黒字の大幅な減少や経常収支の赤字化が現実のものになるかもしれません。この経常収支の赤字化は、巨額の国債の消化を国内金融機関だけでは賄えなくなることを意味しています。しかし国内投資家以外の誰が日本の低利回りの国債を買ってくれるというのでしょうか。

買い手がいなければ国債発行はできない

日本国債を買ってくれるとすれば海外投資家ぐらいですが、海外投資家は基本的には利回りが高く（債券価格の下落）なければ買ってはくれません。ただ利回りを高くすることは、即、国債の利払いの急増につながることは先にもお話しした通りです。かといって買い手がいなければ、日本の経済運営は立ちゆかなくなります。つまり日本の財政破綻ということにもなります。一般的に、経常収支が赤字の国の通貨は、海外投資家（ヘッジファンド）の格好の売りの標的になりやすいといわれています。

こうした状況は最近のインド・ブラジル・トルコといった多くの新興国でも見受けられます。そして経常収支の赤字が拡大するようなら、そうした国の通貨は一段と売られやすくなります。そしてそうした通貨安に政治的な混乱や経済の停滞といった要因が重なるようだと、日本なら円相場の一段の下落要因（悪い円安要因）となるばかりか、円安がもたらす輸入インフレによる輸出競争力の一段の低下要因にもなりかねず、やがては日本の経済社会の衰退につながることになりかねません。

仮にこのような懸念が現実のものとなっても、金さえ保有していれば経済不安などがもたらす悪い円安をメリットに変えることもできます。

07

金投資なら預金封鎖（新円切替）にも対応できる

★いずれ政府は巨額の公的債務残高の大胆な削減策に打って出る？

どう考えてみても、日本が抱えている巨額の公的債務残高をまっとうな方法で削減することは不可能に近いといえそうです。こうした問題を解決するために考えられることといえば、どんな方法があるのでしょうか。

超緊縮財政を続けないと財政再建は難しい

たとえば現在の年間で約１００兆円規模の国家予算を、その半分の50兆円規模の超緊縮予算へと大幅に縮小したとしても、ＧＤＰに対する公的債務残高の割合を欧米並みの水準（１００％前後）まで削減するには、この超緊縮予算を少なくとも10年以上は続けなければなりません。一歩譲って75兆円規模の緊縮予算としても、約25年以上は続けなければなりません。つまりギリシャのように、日本が財政破綻（デフォルト）にでも陥らないかぎり、日本国民はこうした超緊縮予算をすんなりとは受け入れないでしょう。第一、日本の経済活動そのものが成り立たなくなってしまいます。

ところで国が意図的に猛烈なインフレを引き起こすことにより、国の借金を簡単に帳消し（大幅削減）にできるといった類の話しをよく耳にします。しかしこの方法は、わかりやすいものの、とても現実的とはいえません。それこそ日本の経済社会が破綻してしまいます。かつてのブラジルや今日のベネズエラなどで起きているような桁外れのインフレは、都合よくコントロールすることなどできません。日頃から世界各国の中央銀行が常に物価動向に目を光らせているのも、こうしたインフレの脅威をよく知っているからです。

預金封鎖や新円切替も絶対にないとはいえない

ところが、かつての日本でも財政再建のために「**新円切替**」なる手段が講じられたことがあります。いまは昔と違うと考えている人が大多数かもしれません。しかし**国家が抜き差しならぬ状況に陥りかけたとき、国が何をしてくるかわからない**のも歴史の教えるところです。終戦後間もない日本では、物資不足に伴う物価高や集中的な預金の引出しなどから、市中の通貨の流通量が膨れ上がり激しいインフレ（ハイパーインフレほどではない）が発生したことがあります。このため政府は、終戦の翌年の１９４６年、民間における現金保有を制限するために預金封鎖を行なったり、手元の現金等を強制的に銀行へ預金させるとともに、毎月の引出し額を一世帯当たり５００円以内（新円）に制限したりしています。こうした金融制限策の実施により、インフレ抑制には一定の効果がありましたが、戦前から持っていた国民の現金資産は国債等と同様にほぼ無価値となってしまいました。

ただ硬貨や少額紙幣は新円切替の対象外とされたため、多くの国民の間では小銭が貯め込まれたということです。このような預金封鎖、１９９０年のブラジル、２００1年のアルゼンチン、そして２０１３年3月の**キプロス危機**の際にユーロ諸国から金融支援を受ける条件として、キプロス国内の銀行預金に課税するために預金封鎖が行なわれています。

不測の事態に「金」で対抗する

政府の突然の発表により、金融機関に預けている預貯金（たとえば１０００万円）のすべてが封鎖され、今日から毎月10万円（新円）しか引き出せなくなるとしたら、皆様はどうしますか？　しかも１０００万円のうちの半分が国の借金（国債発行残高）の返済に充てられるとしたらどうでしょうか。たぶんお国のために喜んで従うという人は少数派でしょう。巨額の公的債務に苦しむ日本であるからこそ、ある日突然こうした新円切替のような手段が講じられる時がやってこないともかぎりません。

でも心配は要りません。金地金等の金関連商品なら、そうした不測の事態に対しても資産防衛機能を十分に発揮することができます。

第4章

金価格の変動要因と注目ポイント

01

金はこれまでにどのくらい生産されたのか？

★金の地上在庫の推移と金価格を大きく左右する需要項目

よく金には希少性があるといわれます。これまでに世界中で生産された金の総量はいったいどのくらいあるのでしょうか？

昔も今も変わらない金の希少性

ここでは、金が発見されてから今日までに生産された総量のことを「**金地上在庫**」と呼ぶことにします。２０１７年末におけるこの金地上在庫は「約19万トン」とされています。オリンピック・プールなら「約４杯分」に相当します。経済的に採掘可能な埋蔵量も「５万４０００トン」しかありません。現在の年間生産量が３２００トン程度であることからすれば、新たな鉱脈の発見がなければ。あと17年で掘り尽くされてしまう計算になります。

それではこの金地上在庫はどのような需要に使われているのでしょうか？　まず、最大の需要は「**宝飾品**」です。この宝飾品需要は9万2００トンと全体の47％を占めています。2番目は、やや意外な感じを受けるかもしれませんが個人の「**投資需要**」で、４万１３０

●図4-1　金の地上在庫

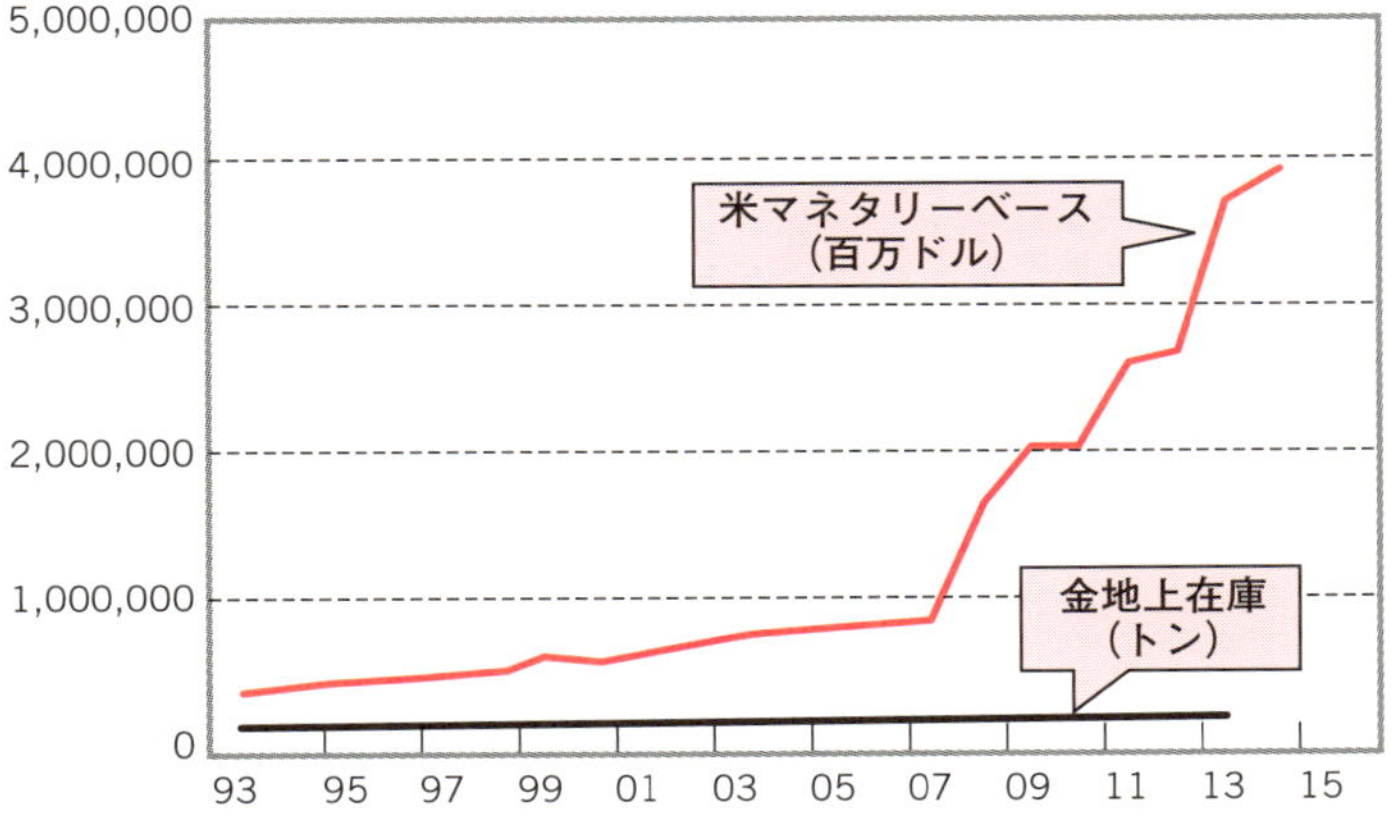

出所：「PISC」2014年７月号（第一商品株式会社）より抜粋

０トンと全体の21%強を占め、金地金や金ＥＴＦを中心に２００８年ごろから急増し、２０１３年にはこれまでのピークをつけています。

３番目は各国の中央銀行が保有する「**公的保有金**」（１２４ページ）で、３万１９００トンと全体の16%強となっています。２００８年ごろまでは一貫して大幅な減少が続いてきましたが、２００９年を底（３万トン割れ）に２０１６年末には約３万３２００トンにまで拡大しています。２０１８年の購入は最大規模で、２０１９年に入っても積極的な金買いが続いています。

これらの需要の動向や採掘可能な埋蔵量は、今後の金価格の動向を占う上でいずれ劣らず重要なポイントになりますので、折

●表4-1　世界の金需給動向（GFMS発表）

単位：トン

	2014年	2015年	2016年	2017年	2018年
<供　給>					
鉱山生産	3,180	3,222	3,252	3,259	3,332
スクラップ回収	1,159	1,180	1,306	1,210	1,178
鉱山会社ヘッジ	108	21	32	−41	−8
供給合計	4,446	4,422	4,590	4,428	4,502
<需　要>					
宝飾用	2,569	2,474	1,962	2,222	2,129
エレクトロニクス	297	267	264	277	288
歯科	34	32	30	29	29
その他工業用	80	76	71	73	74
工業用合計	411	376	366	380	391
公的機関購入	466	443	253	366	536
金地金投資	886	875	785	771	626
金貨投資	279	296	266	261	297
小売投資合計	1,165	1,172	1,051	1,031	923
現物需要	4,611	4,464	3,631	3,999	3,980
現物需要と供給の格差	▼164	△42	△959	△429	△522
ETF現物保有量	−155	−117	539	177	59
取引所在庫	1	−48	86	0	−21
需要合計	4,457	4,299	4,256	4,176	4,018
需給格差	▼10	△124	△334	△252	△485
年平均価格	1266.40	1160.06	1250.80	1257.15	1268.49

出所：「Futures24」５月号（第一商品株式会社）より抜粋

注１：四捨五入のため、合計が一致しない場合がある。
注２：鉱山会社ヘッジのマイナスはヘッジ売り解消、プラスはヘッジ売りを示す。
注３：現物需要と供給の格差は、△が供給過剰、▼が供給不足を示す。
注４：需給格差は、△が供給過剰、▼が供給不足を示す。
注５：年平均価格はロンドンPMフィキシング・ベース、単位はトロイオンス当たりドル。
注６：上記は2019年５月に発表された数値。

●図4-2　金需要の内訳（2018年）

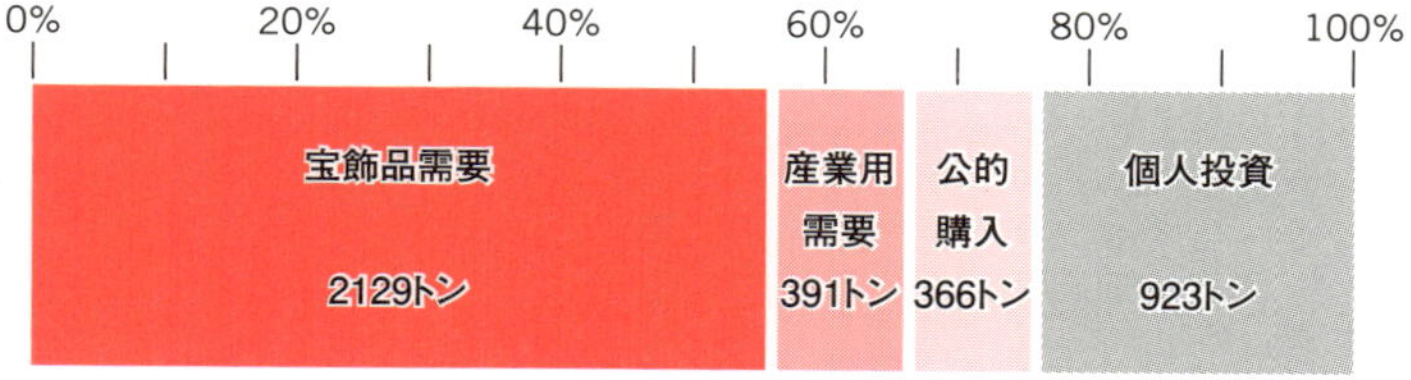

出所：GFMS GOLD SURVEY 2019

にふれて押さえておく必要があります。また、こうした中で最も重要なポイントになると思われるのがヘッジファンドの投資マネーに象徴される「投資需要」だと考えられます。

商品市場に流れ込む投資マネー

ところでリーマン・ショック以後は世界的な超低金利と大規模な金融緩和により、2015年までのドルを中心とした主要通貨の供給量（マネタリーベース）は約4兆ドル（400兆円）とこれまでの最高水準にありました。現在の米国のマネタリーベースはやや縮少傾向にあるものの、世界的な景気の後退や中国の不動産バブルの崩壊でも起きれば、現在の先進国による低金利政策がさらに長びくことになるかもしれません。

このほか2017年現在におけるヘッジファンドの運用資産は350兆円を突破し、大幅な流出超だった2016年から1年ぶりに流入超に転じ、まだまだ今後も増加することが予想されています。こうした計り知れない規模の投資マネーは、常に虎視眈々と利益獲得機会を狙いながらうごめいています。

こうした投資マネーの世界から市場規模の小さい金市場を眺めると、今後の金価格は1000ドルや2000ドルといったレベルではなく、それこそ桁が1つ違う話の世界になるようなときが遠からずやってくるように思われます。

02

今や新産金生産では中国がトップを独走中

★新産金生産量は安定的に年3000トンを超える

新産金の生産量という点では、1990年代前半まで長らく南アフリカ共和国がトップの座に君臨し続けてきました。ところが、その後南アフリカ共和国をはじめ上位産金国が相次いで減産傾向を強めたことから、2001年の年間生産量である2621トンをピークに、2008年にかけて世界的な新産金生産量の減少傾向が続きました。

新興国の追い上げもあり新産金の増産が続く

ところが2008年を底として、国別生産量でもトップの座に躍り出た中国をはじめオーストラリア、ロシア、カナダ、メキシコなどの増産傾向が顕著となり、また同時に国際金価格が歴史的な上昇トレンドの最中にあったことも重なり、今日まで世界の新産金生産量は安定的に年間でも3000トン台と順調な拡大が続いています。2017年の年間の全産出量（生産量）は3246・5トンに達しています。

こうした高水準の新産金生産量に関しては、これまで国際金価格が史上最高値（192

●図4-3　金の生産国ベスト10（2017年）

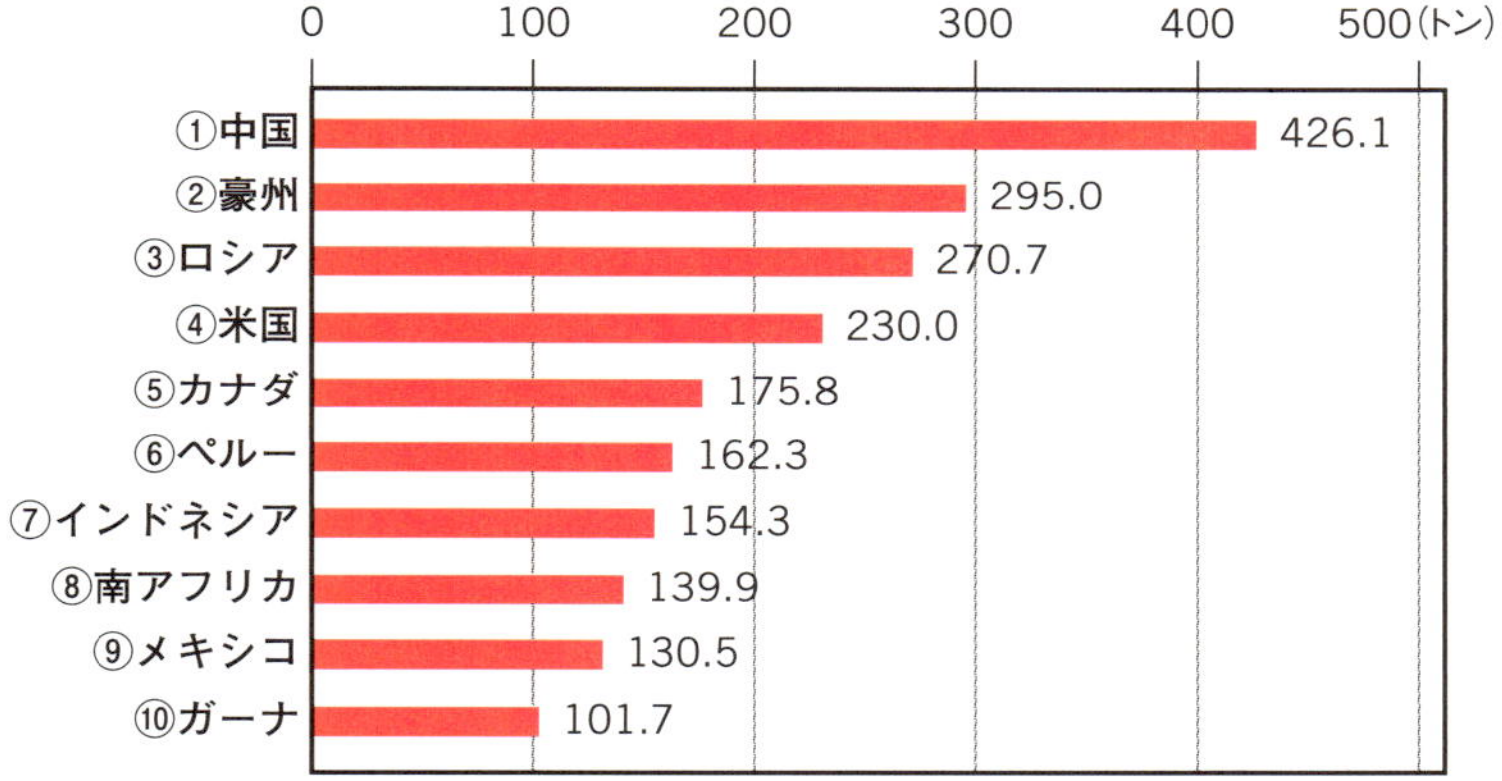

出所：GFMS GOLD SURVER 2018

３ドル）をつけてから７年以上にもわたり安値圏での調整を続けていることを考えれば、やや意外な印象をもつ方も少なくないと思います。特に２０１３年には、国際金価格が１１７９ドルや１１８１ドルといった安値に甘んじていたことや、また産金会社の金生産コストも上昇傾向にあったことなどから、増産どころか減産する鉱山会社も少なくないと思われていました。

　こうした増産傾向の主たる理由としては、２０１１年にかけての国際金価格の歴史的な高騰の最中における相当数の新規鉱山の開発や操業の開始、あるいは利益確保のための既存鉱山のフル操業などがあったものと思われます。ちなみにこの新規鉱山には、開発着手から操業開始までに長い年月を要するという特徴があります。

スクラップからの再生産も多い

ところで2017年における金の総供給量（在庫変動を除く）は、新産金生産量に金地上在庫（宝飾品やハイテク機器）からのスクラップ回収分の1210トンを加えた4415トンに達しています。ただ、こうした新産金の増産傾向にも産金コストの上昇という影が忍び寄りつつあります。

ところで、リサイクル業者などに持ち込まれる宝飾品などからのスクラップ回収のほかにも、ここにきて新たな注目を集めている金の出どころがあります。これまで日本は鉱物資源の乏しい国といわれてきましたが、じつは日本国内で使われている携帯電話やハイテク機器には多くの貴金属やレアメタルが含まれています。

こうした「**都市鉱山**」と呼ばれる廃棄物の中には、世界有数の資源国にも匹敵するような量の金（世界の確認埋蔵量の15％）が含まれ、採算性こそ低いものの国内のリサイクル業者による回収がすすめられています。

ちなみに2020年の**東京オリンピックの金メダル**には、こうした都市鉱山から回収された金が多く使われることになっています。

Column　日本の金山

幕府の財政を支えた佐渡金山

佐渡金山（新潟県佐渡市）は徳川幕府創業期の1602年に幕府の天領となり、幕府直轄の金山として操業開始以来、明治・大正・昭和期まで採掘が続けられましたが、資源の枯渇によって1989年に閉山となりました。江戸時代の後期には江戸の無宿人が金採掘の人足として強制的に送り込まれ、過酷な労働を強いられたという歴史もあります。

これまでに金78トン、銀2330トンが採掘されたといわれています。現在は「史跡　佐渡金山」として整備され、江戸時代の坑道や明治以降の坑道が再現されており、当時の様子を知ることができます。

世界有数の高品位を誇る菱刈鉱山

住友金属鉱山が採掘する菱刈鉱山（鹿児島県伊佐市）は、現在では日本で唯一操業している鉱山で、金のほかに銀も産出します。

年間約6～7トン、1985年の創業以来約242トン（2019年3月末）の金を産出しており、金鉱石1トン当たり平均約30～40gの金が含まれる（世界の主要鉱山でも平均は3～5g）という世界トップクラスの高品位を誇る鉱山です。

その他にも、武田騎馬軍団で知られる武田氏の軍事力を支えたといわれる甲州金で有名な黒川金山（山梨県甲州市）などが有名です。

03

金の消費は中国とインドで世界の半分を占める

★二大人口大国が金の分野でも存在感を示す

２０１７年における金の総供給量（在庫変動を除く：４４１５トン）のうち、宝飾品需要は２２１４トンで全体の50％を占めています。全体に占める割合が低下したようです。新産金（３２４７トン）だけでみても、宝飾品需要は7割弱と低下傾向にあります。そして総供給量に占める投資需要は１０２８トンと全体の約23％、同じく公的保有金は３６６トンと全体の約８％となっています。

中国が世界一の金消費国になる

ところで、２０１８年における新産金の国別の消費需要を見てみると、なんといっても中国（９７７トン）とインド（７６０トン）の両国が圧倒的なシェアを占めています。この2国だけで世界の金需要のなんと52・８％を占めており、この両国の金に対する需要動向が金価格に大きな影響を与えるかたちとなっています。特に官民を挙げての中国の金需要には驚くべきものがあります。２０１３年に１３３９トンと、はじめて１０００トンを上回ったうえに、金消費では20年以上にわたりトップの座にあったインドを抜いて断トツの第1位に踊り出ました。

一方、第2位の金需要国でもあるインドも中国にトップの座を明け渡しはしたものの依然として中国に次ぐ高い数字をキープしています。これからも中国やインドといった経済発展の著しい二大人口大国の金の需要動向からは目をはなすことができません。

経済大国となった中国が金市場でも台風の目となる

今日の中国が米国とならぶ超大国であることに異論を挟む人は少ないでしょう。そればかりか国内総生産（GDP）では米国に次ぐ世界第2位の地位を不動のものとし、そう遠くない時期に米国をも抜き去ってしまう勢いにあります。また最近では経済面や軍事面だけではなく、宇宙空間やサイバー空間などでも米国への対抗心を見せています。そしてドル支配体制に楔を打ち込むための人民元経済圏の確立にも積極的に乗り出しています。

このほかにも、こうした欧米中心の世界経済の枠組みに対抗するための手段の1つとして、中国人民銀行（中央銀行）が保有する公的保有金の積み増しの動向にも金市場の関心が注がれています。こうした中国の動向は、今後も折にふれて金市場の話題となり、**国際金価格の下支え要因または上昇時の推進力**となることは間違いありません。中国の公的保

●図4-4　金の消費国ベスト10（2018年）

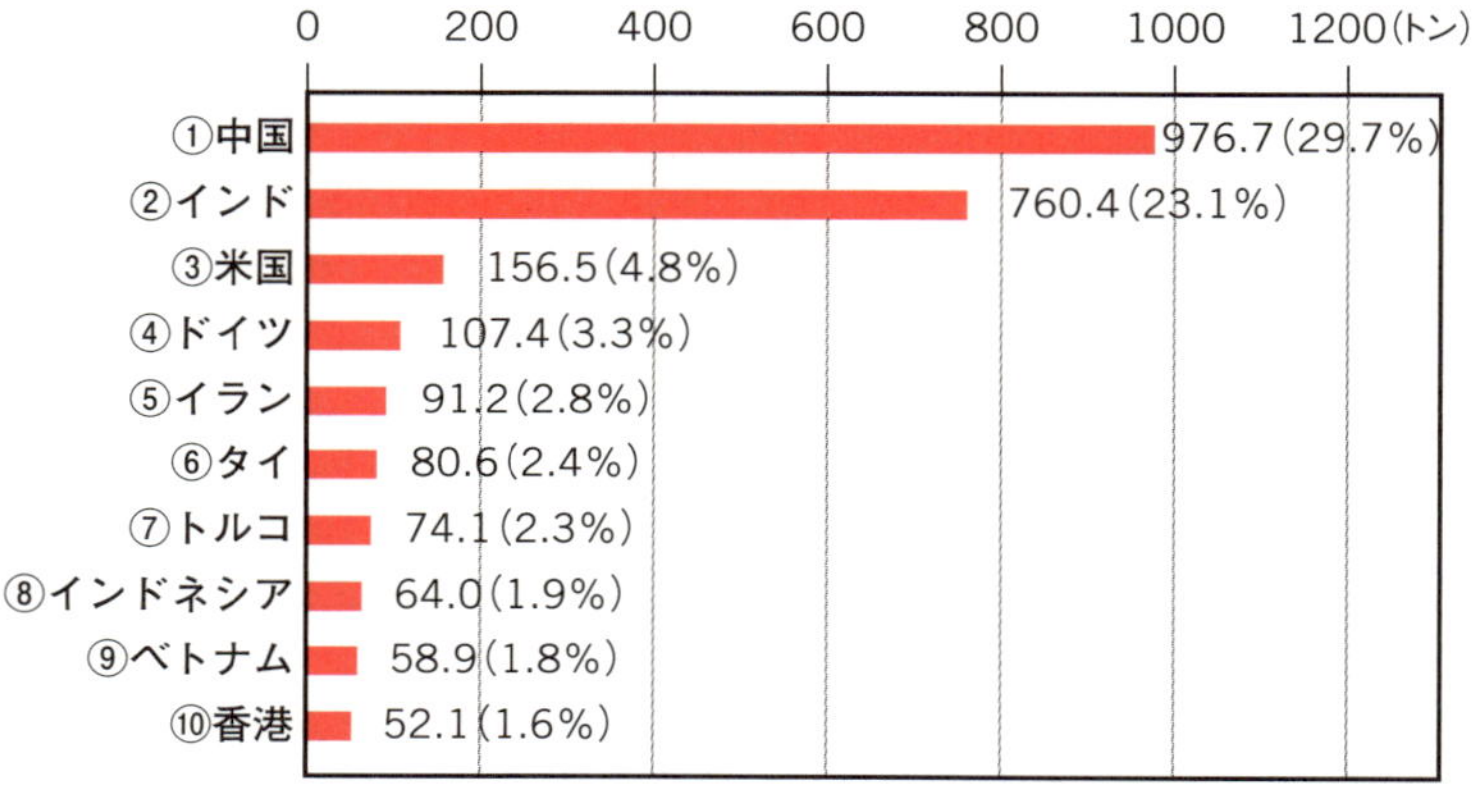

出所：WGCのデータを元に作成

有金（１２５ページ参照）は、２０１８年末現在で２０００トンを少し下回る水準の１８４３トンに達していて、世界で第7位にランクされています。このところのロシアの金保有の急増ぶりにランクこそやや下げてはいますが、中国の金に対する執着心や買い余力はロシアを大きく上回るものがあります。２００９年4月の１０００トン突破の一報には世界中が驚かされました。世界の覇権を虎視眈々と狙い世界一の外貨準備高を持つ中国の実力からすれば、米国の保有残高（８０００トン余り）を上回る1万トンにまで積み増すぐらいは朝メシ前なのかもしれません。

計り知れないインドの潜在的なパワー

ところで、金の年間消費量ではじめて

●図4-5　宝飾品需要（中古金スクラップを含む）2017年

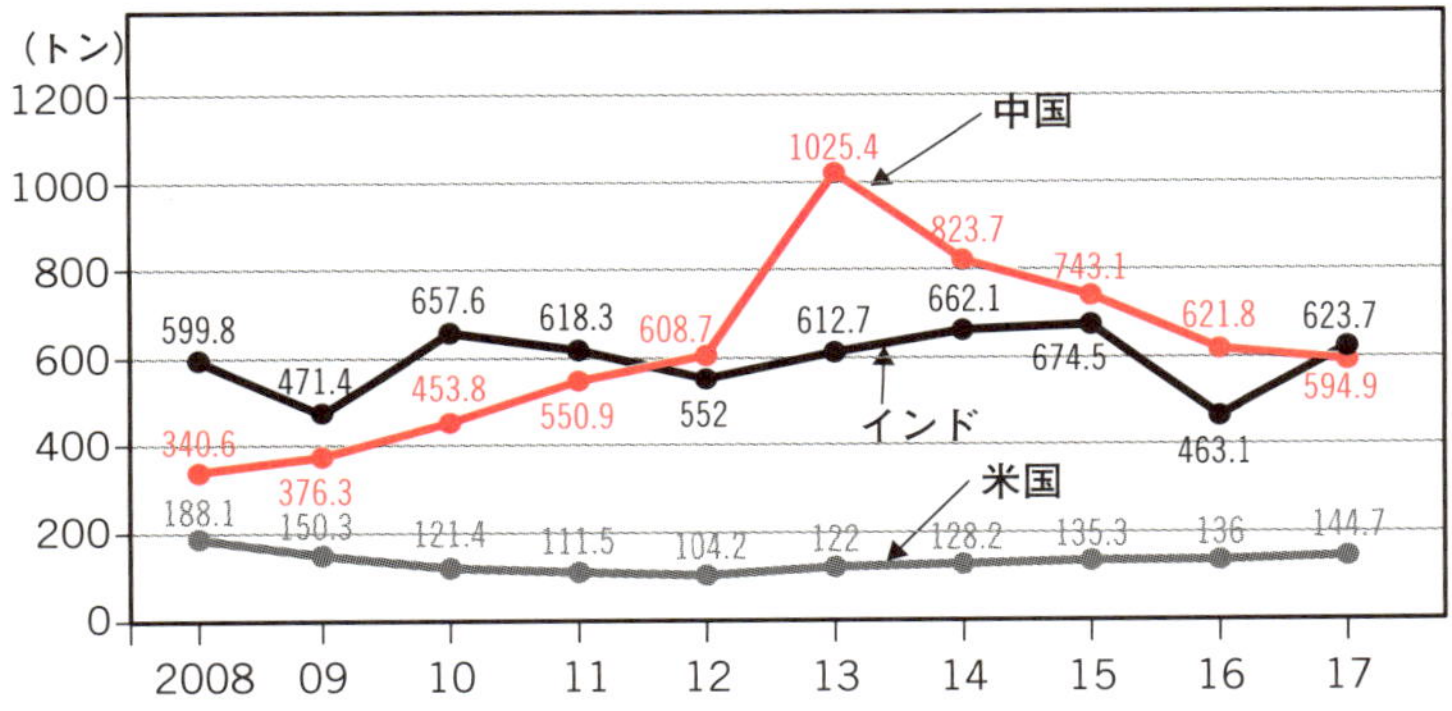

出所：GFMS GOLD SURVER 2018

1000トンの大台を超えた国は、中国より一足早い2010年のインド（1050トン）でした。インドの人口は約12億1000万人（2011年）と、中国の人口を抜き去る日もそう遠くないといわれています。

そのうえインドの経済発展も目覚しく、また中国のように周辺国を力づくで抑え込むといった事を荒立てるようなこともなく、今後は中国に対抗するアジアの有力な経済大国になるものと思われます。

またインドという国、身の丈にあった堅実な高度経済成長の道を歩んできたといえます。言い換えれば、インドは地道な分だけ筋金入りの強さを発揮する国といえるかもしれません。そして一人っ子政策で高齢社会が迫りつつある中国に対し、今後も人口が増え続け健全な経済成長を追求するであろうインドは、今後の経済成長や金消費の伸びしろにも大きな差が出てくるように思われます。

インド人の金への特別な思い入れ

インドの金消費量の多くは、**宝飾品向け**といわれています。秋の結婚式シーズンになると、**親が嫁ぐ娘に沢山の金を持参させる「ダウリー」という伝統的な習慣**があります。2017年には宝飾品需要でも中国を抜き、1位の座に返り咲きました。地に足のついたインドの今後の高度成長や国民所得の一段の向上を考えるとき、インドの金需要には計り知れないものを感じざるを得ません。

WGCによると、2019年の第1四半期もインドルピーでの金価格の下落が結婚式シーズンと重なり、それが宝飾品需要を押し上げたとのことです。

2013年前半、インドは自国通貨ルピーが大きく売り叩かれるという「インド売り」を経験しています。こうした背景には、2013年初めにFRBが量的金融緩和政策（QE3）の段階的な縮小に着手したことや、インドの高度成長に伴う経常赤字の拡大がありました。BRICsやその他の新興国も例外ではありませんでした。このためインド政府は、経常赤字の拡大に歯止めをかけるべく貿易赤字の削減に乗り出しました。ところでインドの輸入金額で最大の割合を占めるのは原油ですが、２番目に大きい割合を占めるのが「金」（日本円で約６兆円の輸入）だったのです。

またインドでは普通預金口座を持つ人は全体の40％程度ですが、金を持っている人はそれより多いといわれています。つまり貯蓄の手段が金というわけです。ヒンズー教の国では、光り輝くものは縁起が良くますます栄えるとされています。

インド政府は、拡大する貿易赤字の削減策として輸入金額の多い金に白羽の矢を立てたわけです。最終的には輸入関税を５回も引き上げて10％としています。その結果、金の輸入量は減少（10％減）しましたが、痛し痒しで同時に密輸が増える結果になってしまいました。ただこうした政策の甲斐もあって、インド・ルピーは下げ止まりから上昇に転じたわけです。

ところでインドでは２０１４年5月に10年ぶりの政権交代が実現し、新しいモディ政権が誕生しました。新政権は欧米の金融界からも好意的に受け取られ、ＳＥＮＳＥＸ指数（株価指数）は過去最高値を更新し、金市場では輸入規制（輸入関税）の段階的な解除も行なわれることになりました。

04

公的保有金の動向も金価格に大きく影響する

★断トツの1位は米国だが近年は中国やロシアの増加が著しい

公的保有金とは、**世界の国や国際機関（ＩＭＦなど）が保有する金の総量**のことです。一国の政府は、貿易など他国との資金の決済に必要な外貨準備として、これまでその大半を米ドルで保有してきましたが、近年では米ドル以外にもユーロ・ポンド・円・元・金などに分散して保有する国も多くなっています。

ドル安による目減り対策で金保有がはじまる

１９７１年8月15日のニクソン・ショック以前は、米国がいつでもドルと金との交換に応じてくれました。ところが米国経済の動向次第では、ドル安によりドル資産の価値が不安定になることも考えられます。そこで各国政府は、ドル不安（ドル安）がもたらすドル資産の目減りを少しでも回避するため、外貨準備をドルだけではなく金での保有も考えるようになりました。こうした公的保有金は、通常はマンハッタン島にあるＮＹ連邦準備銀行の地下金庫など一定の場所で保管されていますが、短期的売買、投機的売買、売買益を

●図4-6　公的保有金の上位ランキング（2018年12月）

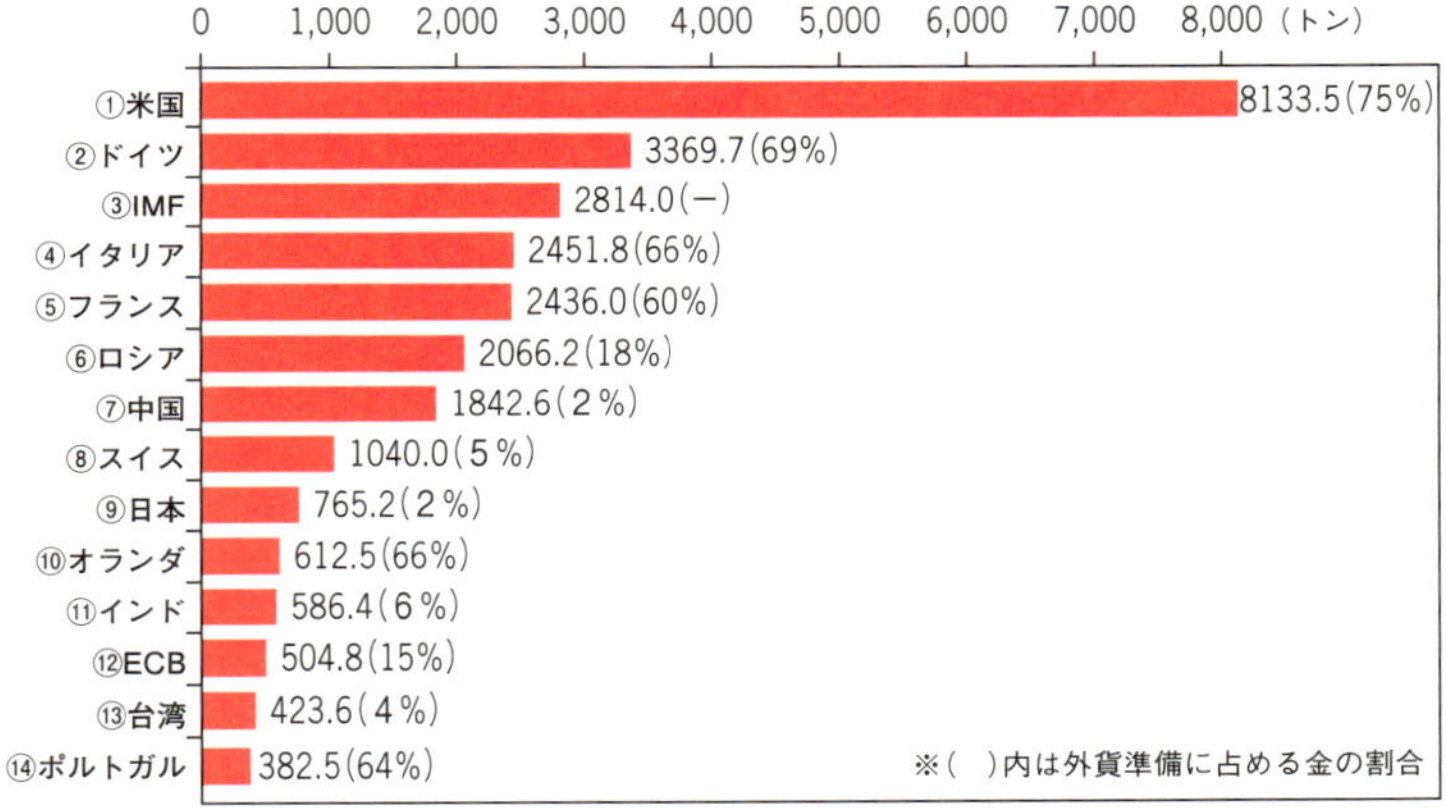

出所：World Gold Councilのデータを元に作成

目的とする売買などに利用されるようなことはなく、あくまでも支払い準備のために保有しているに過ぎません。

２０１８年末現在、世界の公的保有金のうち、最大保有国は８１３３・５トンの**アメリカ合衆国**です。日本は７６５トンと昔からほとんど変わっていません。これまでの日本の外貨準備高（２０１９年６月末現在１兆３２２２億ドル）からすれば、外貨準備に占める金の保有割合は微々たるものです。その一方で中国、ロシア、カザフスタンなどの増加が目立ちます。

公的保有金と金市場との関係

１９７１年以降、金市場で公的保有金が大きな話題となったのは２回で、金市場に大きなマイナス要因となったケースと大きくプラスに作用したケースとがありました。

◆金市場に大きなマイナス要因となったケース

１９８０年以後の国際金価格は、１９８０年にそれまでの史上最高値（８７５ドル）をつけてから約20年間に及ぶ長期下落トレンドをたどることになりました。その間、イラクのクウェート侵攻（１９９０年）、湾岸戦争（１９９１年）、メキシコ通貨危機（１９９４年）、アジア通貨危機（１９９７年）といった政治的な有事や経済的な有事に対しても大きく反応することはほとんどありませんでした。それどころか長期下落トレンドの最終局面にあった２０００年前後にかけて、世界の公的機関（ＩＭＦ・スイス・イギリスなど）からの継続的な金売却が目立つようになり、国際金価格が20年ぶりの安値（２５０ドル台）をつける大きな要因の１つにもなりました。このため各国中央銀行による金売却を制限するための「ワシントン協定」が締結され、国際金価格の下落トレンドに歯止めをかけるべく協調体制の構築が図られることになりました。

◆金市場に大きなプラス要因となったケース

２０００年以降はＢＲＩＣｓを中心に新興国の経済発展が目覚しく、その間の世界的な資源価格の高騰などもあり、多くの新興国は豊富な外貨準備をもつようになりました。国際金価格が２００８年３月に初の１０００ドル台乗せ（１０３３ドル）を果たし、その後のリーマン・ショックの際の安値（６８１ドル）を経て、再び史上最高値の更新を目指そうとしていた２００９年４月、中国政府は２００３年から２００９年の６年間に４５４トンの金を購入し、公的保有金が１０５４トンに達したことを公表しました。

このニュースは当時の金市場に大きな衝撃を与えるとともに、その後の史上最高値（１９２３ドル）の達成にも大きく貢献したことは間違いありません。そしてその後の中国政府の金保有の動向が注目されましたが、その後の５～６年間というものは公的保有金に変化はなく、２０１５年ごろから再び大幅な増加傾向に転じ、２０００トンの大台まであと一歩という水準に迫ってきています。このほかにも２００９年11月にはインドがＩＭＦから２００トンの金を購入し、２０１１年5月にはメキシコが93トンの金を購入しています。また、２０１３年にも多くの新興国が公的保有金を増やしています。中でもロシアやカザフスタンの増加率には目を見張るものがあります。

古今東西の昔から、金は富と権力の象徴でもありました。昔から金は強い国に集中するという傾向は変わりません。ちなみに最盛期の米国の公的金保有高は2万トンを大きく上回っていました。世界の覇権を狙う中国政府の今後の対応如何では、国際金価格をさらに一段と大きく左右することになりそうです。

●図4-7　公的機関の金保有量の推移

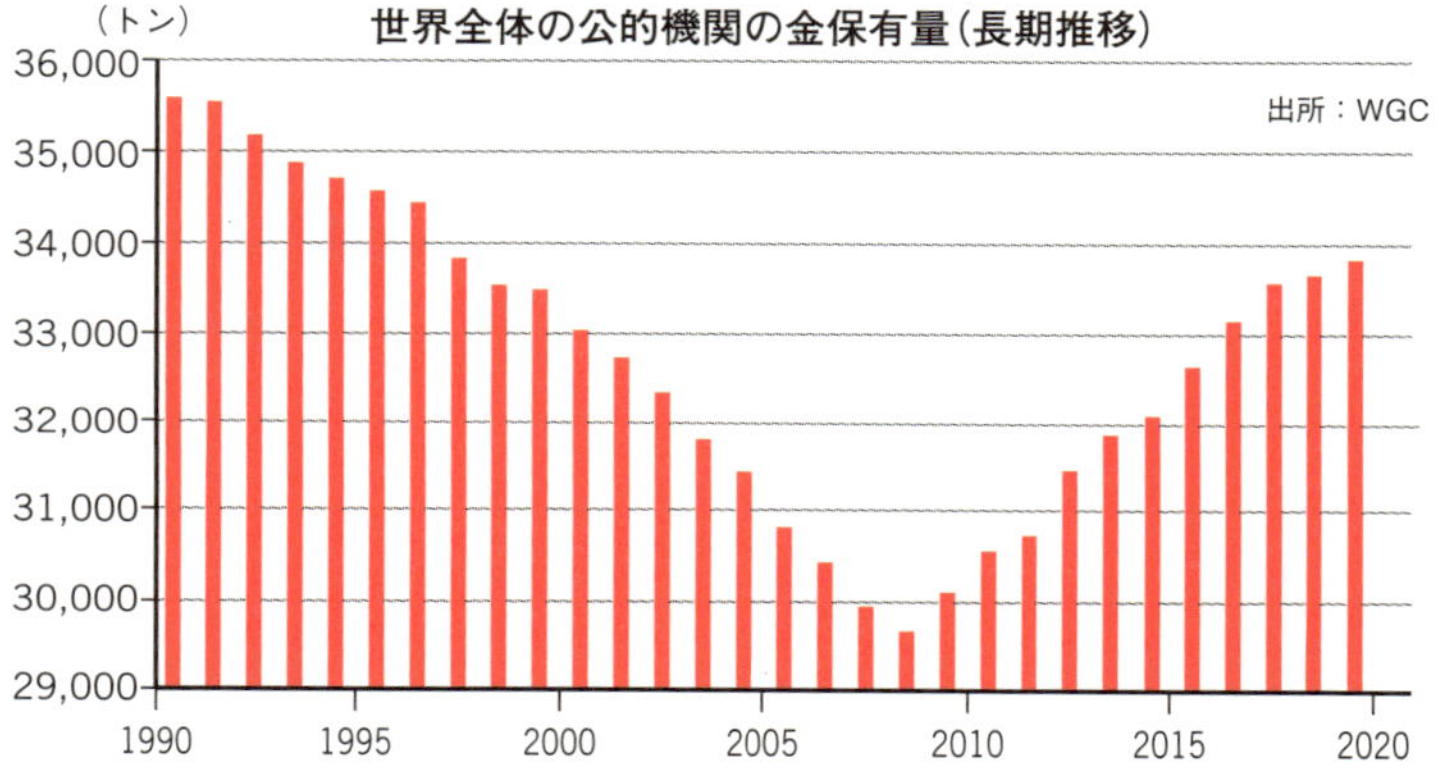

出所：「金」データブック2019（第一商品株式会社）より抜粋

●図4-8　2008年以降、公的保有金を増やした主な国

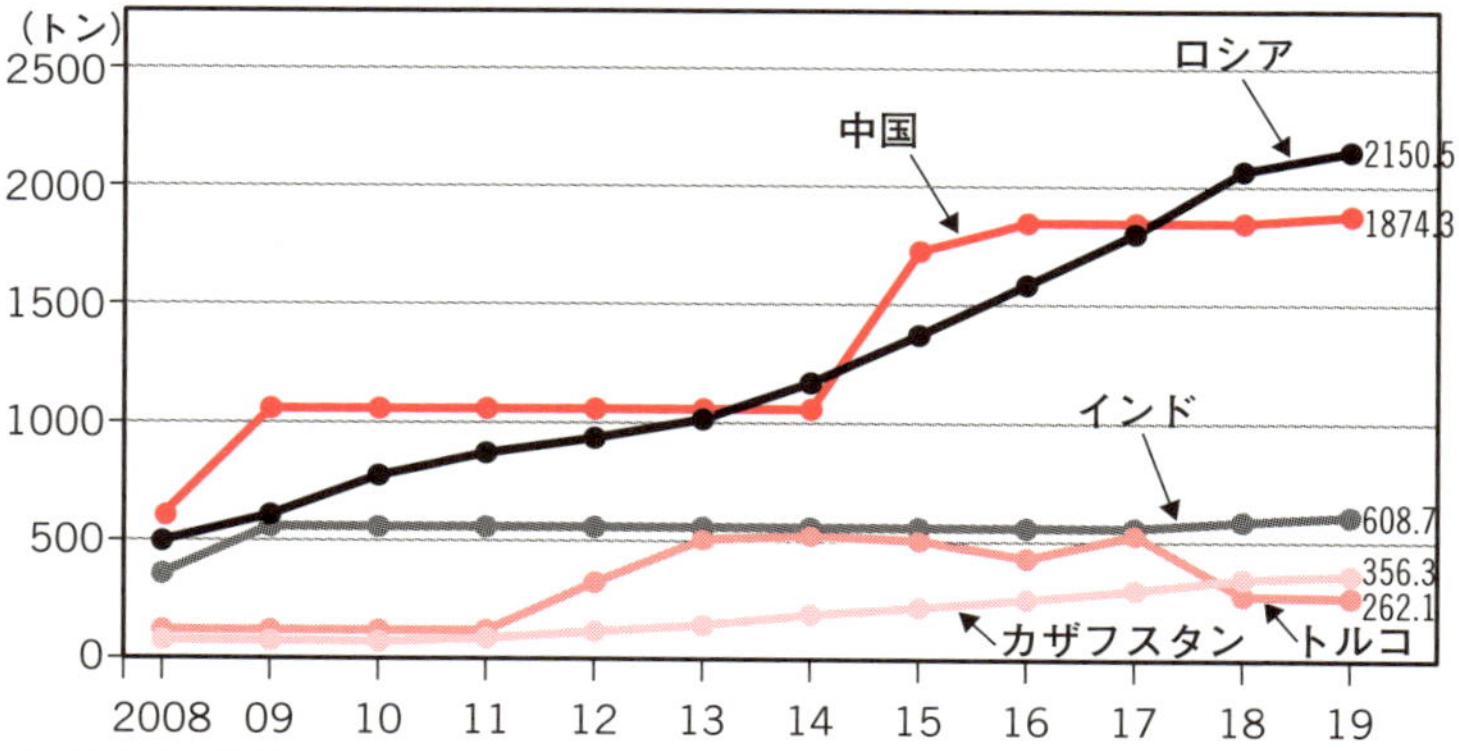

※19年は４月発表分

出所：「金」データブック2019（第一商品株式会社）より抜粋

売り越しから買い越しに豹変した各国中央銀行

前述のように、1999年〜2008年の各国中央銀行による一方的な金売却の受け皿となったのが、世界中の投資マネーによる金買い（投資需要）や鉱山会社などによるヘッジ売りの買戻しであったわけです。

ちなみにこのヘッジ売りとは、鉱山会社（産金会社）が金価格の今後の値下がりを予想し、これから生産予定の新産金量の分だけ金先物市場であらかじめ売りヘッジしておくことです。この決済方法としては、途中で反対売買（差金決済）で清算するか、その後に生産された金を買い方に渡して売却代金を受け取る（受渡決済）かの2種類があります。仮に反対売買（差金決済）を行なうとすれば、金市場でヘッジ売りを買戻しすることになるため買い要因となります。

ところが各国中央銀行の金売却は、2009年の34トンを境に2011年には売却なしの300トン超の購入へと転換し、**国際金価格の下値を支える大きな原動力**の1つとなってきました。各国中銀の金買いは2018年も1971年以降では最大規模であり、今後も安定的に推移するものと思われます。米中経済戦争の行方やロシア・EU・中東を交えた地政学リスクの存在から目を離すことができないからです。

05

差益狙いの金投資需要は今後も拡大基調にある

★投資需要には金地金・金貨・金ETF・金先物取引などがある

新産金の年間生産量に対する投資需要（実需）には、①欧米投資家による投資需要（金貨・金地金・金ETF）と②欧米投資家以外の投資需要（退蔵用地金）の2つがあります。この投資需要は従来から金市場に存在し、その時々の金市場に大きなインパクトを与えてきました。2013年のピークからすると約半減していますが、それでも年間で800トン近い需要が生まれています。

2011年の市場最高値は投資需要の影響大

特に2011年に国際金価格が史上最高値をつけてからの2011年〜2013年の3年間では1246トン、1056トン、1443トンと、年間千トンを優に上回る規模にまで拡大していたことになります。このような投資需要の急増は、2000年代初めにオーストラリアで誕生した**金ETFの世界的な拡大が大きく寄与**したといえます。従来の実物資産としての金が、金融資産としての側面を併せ持つことになったからです。

現時点の金ＥＴＦ残高はピークからは大きく減少していますが、今後の投資需要は中長期的な運用スタンスをとる世界の年金基金やヘッジファンドといった多様な機関投資家による需要増によって、一段と拡大することが予想されています。かつて著名投資家のジョージ・ソロス氏が大量の金ＥＴＦの買いポジションを保有し、２０１１年にかけての国際金価格の値上がりにより巨額の金売却益を手にした話しはあまりにも有名です。

金先物取引も投資需要の1つ

このほか実需（新産金）に対して**仮需（金先物取引）**としての投資需要があります。金先物取引は、株式投資でいえば信用取引（仮需）に相当する取引であり、**NY商品取引所（COMEX）**においてヘッジファンドが主体の売買が行なわれています。NY金先物市場では、証拠金にレバレッジをかけた投機的取引（スペキュレーション取引）が行なわれています。そしてNY金先物市場は、世界における金の先物価格の指標にもなっています。

対する金ＥＴＦは中長期的な投資資金の受け皿でもあり、**中長期的な残高の推移**と国際金価格との関係が注目されています。一方の金先物市場は国際金価格の短期的な動向を占う市場でもあり、今後の**買越残高の推移**と国際金価格との関係から目をはなせません。

06

金ETFの資産残高は長期資金の動向を映し出す

★巨額の金を保有し売買する金ETFの動向は金価格に大きく影響する

ＥＴＦとは**上場投資信託**のことです。このＥＴＦは証券取引所に上場され、上場株式と同様の方法で売買されるほか、上場株式と同様の税制が適用されます（このＥＴＦの商品性は第5章で詳しく説明しています）。

ＥＴＦの運用対象商品は日経平均株価など世界の株価指数をはじめ、原油・金・銀・プラチナ・穀物など様々です。一般の投資信託に比べて運用コストが安いという特徴があるため、小口の個人投資家の人気を集めやすく、世界のＥＴＦ市場全体の時価総額（規模）は年々拡大しています。

現物金に投資する金ＥＴＦは金市場の有力なプレイヤー

ここでいう金ＥＴＦとは、**実際にファンドの資産で現物金を買い付ける金ＥＴＦ**のことです。この金ＥＴＦの売買には、小口投資家（個人投資家）はもちろんのこと、世界中の長期投資をモットーとする巨大な年金基金やヘッジファンドといった大口投資家（機関投資家）も数多く参加しています。

この金ＥＴＦは、**投資家から集めた資金で金地金を購入して運用**しています。そして投資家が現物の金地金との交換を希望した場合は、金地金で受け取ることができる商品もあります。このため金ＥＴＦなら大量の金地金の保管場所の心配がまったくありません。

ところでこの**金ＥＴＦ資産残高（裏付けとなる金地金）**が注目される理由は、金ＥＴＦへの資金流入（買い）が活発化すると、その分だけファンドの資金で金地金を購入する量が増えることになります。反対に、金ＥＴＦから資金が流出（売り）すると、その分の金地金を売却してファンドの売却代金に充てることになるわけですから、裏付けとなる金地金の量はその分だけ減少することになります。

このように、金価格と金ＥＴＦ資産残高は相互に密接に結びついていることになります。言い換えれば、金先物市場の動向は、この金ＥＴＦ資産残高の増減（推移）にも端的に表われるといっても過言ではありません。

世界最大の金ＥＴＦの金保有量推移に注目する

ここで金ＥＴＦの中でも圧倒的な売買シェアを誇り、ＮＹ証券取引所や東京証券取引所にも上場している**「スパイダーゴールド・シェア」（ＳＰＤＲ）**を例にとり、国際金価格

●図4-9　世界の金ETF残高

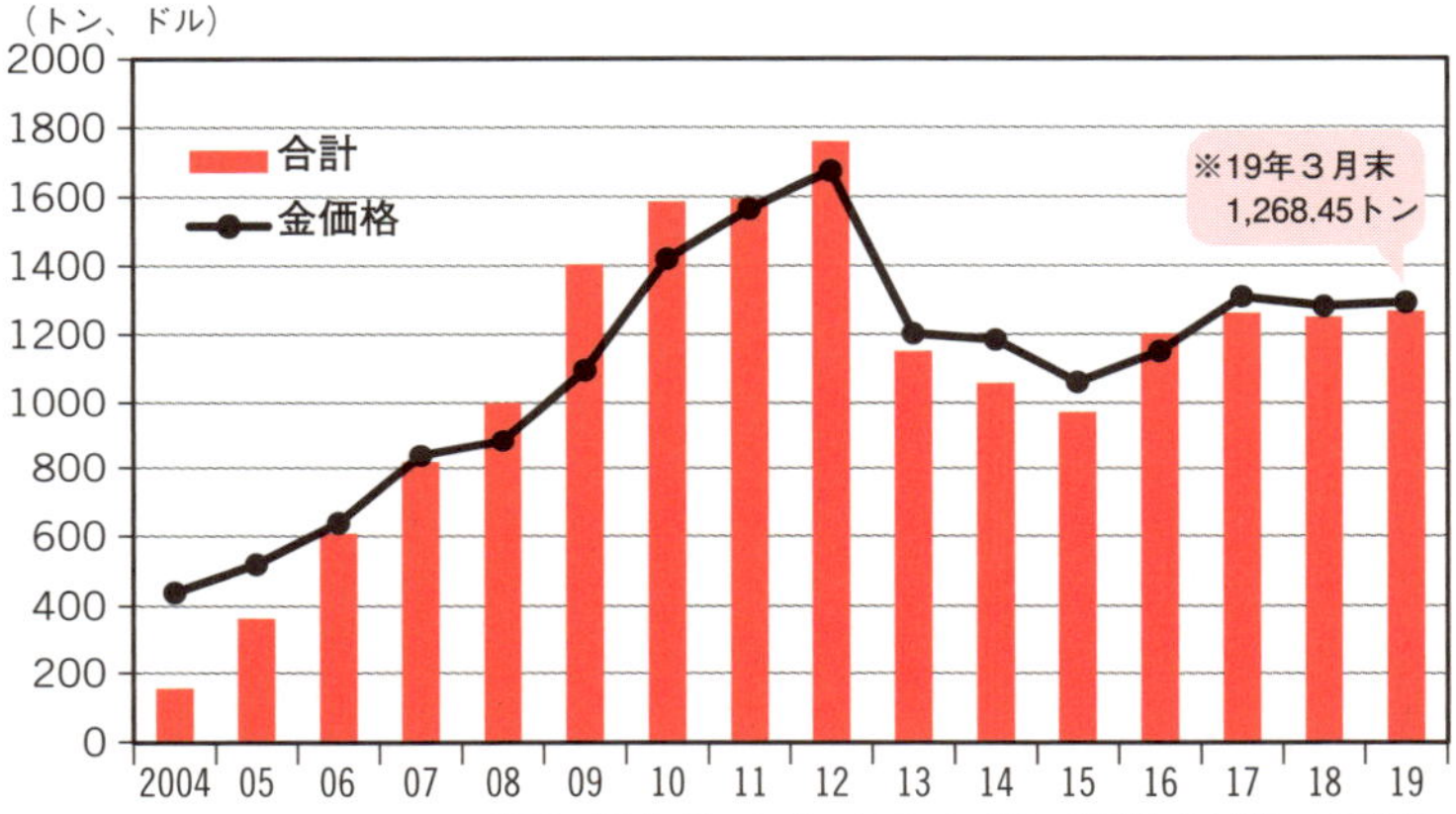

出所：「金」データブック2019（第一商品株式会社）より抜粋

●図4-10　SPDRゴールド・シェアの現物金保有量と金相場の推移

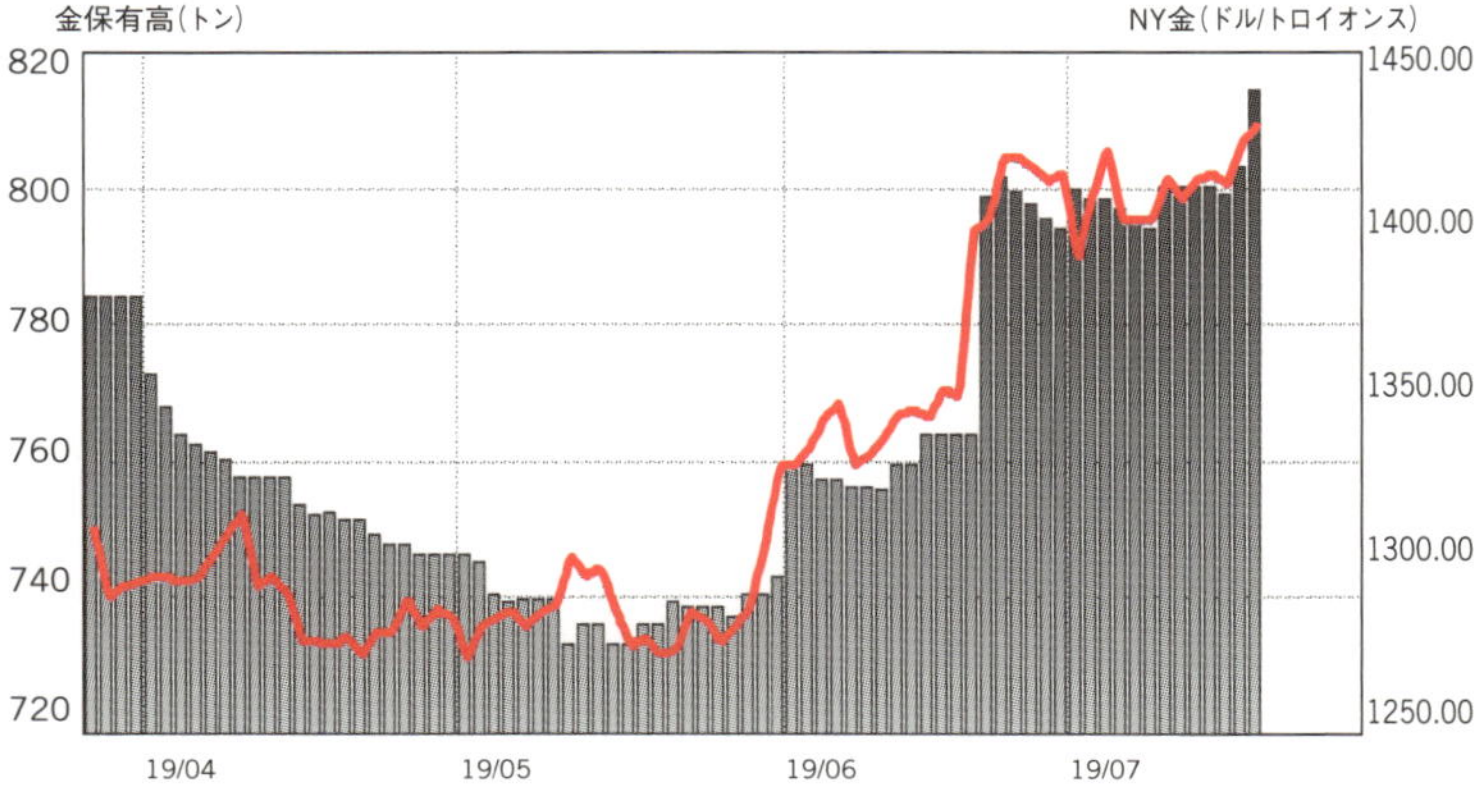

※金ETF「SPDRゴールド・シェア」現物保有高、日々の推移（ワールド・ゴールド・トラスト発表）

出所：第一商品株式会社HP

と金ＥＴＦ資産残高との関係をみてみましょう。

このスパイダーゴールド・シェアの資産残高は、国際金価格が史上最高値をつける前の２０１０年半ばには１３００トンを超える水準にまで増加しています。しかしその後の２０１１年半ばには、それまでの急激な上昇トレンドの中で利益確定売りが多く出たこともあってか、逆に資産残高は１２００トンを下回ることもありました。

しかし、ギリシャ危機の再燃がきっかけとなり、国際金価格が２０１１年9月に史上最高値（１９２３ドル）をつけるまでの最後の上昇局面において、再び１３００トンを上回る水準にまで増加しています。そして、その後は、国際金価格が２０１５年12月に米国の利上げ開始を受けて最安値（1トロイオンス：１０４５・40ドル）をつけてから、今日に至るまでの約8年間に及ぶ長期調整局面の中で、２０１４年11月6日には７３２・83トンと７００トン割れ間近の水準にまで減少しています。ちなみに直近では２０１９年7月17日現在、８０３・18トンとなっています。

このように金ＥＴＦ（特にスパイダー・ゴールド）資産残高の推移は、まさに国際金価格の動向を映し出す鏡のような存在でもあることがわかります。

07

鉱山会社の産金コストは金価格の底値目安になる

★国際金価格の底値は産金コストの水準を大きく下回ることはない

世界の産金会社（鉱山会社）の1トロイオンス当たりの金の平均生産コストは、いくらぐらいなのでしょうか？

特に国際金価格の安値の目安として注目されるのが**生産コスト**です。この算出方法は鉱山会社の会計基準によって様々ですが、2013年6月にワールド・ゴールド・カウンシル（WGC）が公表した指針に基づくものに**AISC**があります。

これは操業に関する直接的なコストに加え、稼働中の鉱山の生産量を維持するためのすべての費用や支出が含まれています。これに対し、先のAISCに新規鉱山の探査や既存鉱山の生産量向上目的の費用や支出を含めたより広範囲のコストに、**AIC**があります。

国際金価格と産金コストとの関係

このAICは2013年で約1200ドルといわれています。さらに閉山関連費用を含めた平均産金コストは1350ドル、そしてすべての間接的なコストを含めた総生産コストとなると1620ドルといわれています。

ところで世界最大の産金会社、カナダのパブリック・ゴールド社の総生産コスト（閉山関連費用・在庫の評価損・操業計画の見直しによるコスト増・営業権評価額の低下など）をみると、2014年でも900ドル台半ばと1000ドル未満で推移しています。ただこの世界最大かつ最低コストの産金会社にしても、国際金価格の長引く低迷から2014年には大幅な減産を余儀なくされています。

このように産金コストや総生産コストは各産金会社により異なり一概に比較はできませんが、一般的とされる平均産金コストとしての「1200ドル」が現時点における国際金価格の下値（底値）の目安になっているという点では、多くの投資家にとって大変わかりやすいといえます。したがって、よほどのことがないかぎり、国際金価格がこの1200ドルを大きく下回るという可能性は低いと考えられます。

たとえば2013年6月の1番底（1トロイオンス：1179ドル）や2番底（1181ドル）が、1200ドルを僅かに下回った水準で止まったことも決して偶然ではありません。

また2015年12月の米国の利上げ開始に伴う1200ドルを大幅に下回る1045ドルという安値は、こうした点からも「大底」と考えてもいいのではないでしょうか。

●図4-11　NY金価格と生産コスト（AISC）

出所：「金」データブック2019（第一商品株式会社）より抜粋

コスト割れで閉山する産金会社も

ところで、２０１２年において１０００ドル以上のコストで生産した産金会社は全体の72％に達し、実際の生産量では54％を占めていました。２０１４年の平均産金コストが１２００ドルないしはそれ以上になることを考えれば、国際金価格が１３００ドル台前後の水準が続くようだと、これからも閉山に追い込まれる産金会社が続出するかもしれません。もちろん、このことは**金価格にはプラス要因**となります。

先の世界最大の産金会社のパブリック・ゴールド社の大幅な減産計画にも象徴されるように、現在でも産金コスト

（ＡＩＣ）を下回ったままでの操業を続け、追い詰められている産金会社も少なくありません。いくら相手が金とはいえ、**生産コストを下回ったままでいつまでも操業を続けることができる産金会社は少ない**と思います。

ところがこれをＷＧＣが公表したＡＩＳＣの観点からながめてみると、平均産金コストの世界平均は２０１６年においては1トロイオンス：８１８ドルとなり、南アフリカでも１０３５ドルとＡＩＣよりもかなり低いことがわかります。

このように、今後も平均産金コスト（ＡＩＣやＡＩＳＣ）と産金会社や国際金価格の動向に注目していく必要がありそうです。

08

中国で経済的有事が起こると金価格は跳ね上がる

★もし中国で大規模なデフォルトが起こるとリーマン・ショック級の混乱も

世界の政治や経済を席巻してしまうような勢いの中にある中国にも、世界経済に強烈な負のダメージを与えかねないアキレス腱が存在しています。たとえば、不動産バブルの崩壊懸念、影の銀行（シャドーバンキング）問題、地方政府の開発資金にもなっている巨額の借入金の不良債権化懸念、危機的な水準にまで膨れ上がった民間企業の債務問題、直近でも米国と中国との巨額の関税引き上げの応酬や、米国を中心としたファーウェイ製品の締め出しなど、数え挙げればキリがありません。

まるで爆弾を抱えたままのような中国の経済成長

これらの危機が顕在化する際には、そのスケールの大きさからしてリーマン・ショック級かあるいはそれ以上の規模のショックになることでしょう。いずれにせよ世界経済に巨大な負の影響を及ぼすという点で経済的な有事にちがいありません。こうした懸念が現実化すると、国際金価格は一時的には急落するにせよ「安全資産としての有事の金」が注目されるとともに、世界的な超低金利や過剰流動性が一段と助長されることになるため、**金市場には大きなプラス要因**として作用する可能性が高いといえます。

ところで最も不安視されている**中国の不動産バブルの崩壊懸念**は、ここ久しく繰り返し指摘され続けてきた問題でもあります。中国では土地の個人所有が禁止されています。したがって経済成長にともなう土地の上モノ（住宅）に対する需要は根強く、その旺盛な実需や仮需（投資目的）はこれまで住宅価格を大きく押し上げてきたわけです。

ところがこれまで主要70都市における住宅価格動向の下落地域や下落幅が一段と拡大するたびに、不動産バブルの崩壊がささやかれてきました。しかし政府による巧みな金融緩和政策などにより、うまく乗り切ってきました。今後も難しい舵取りが求められますが、大禍なく何とかうまく乗り切れるのかもしれません。

次に**影の銀行（シャドーバンキング）問題**についても、その取扱いを間違えると大変なことになりそうです。そもそも融資を行なう金融機関と資金需要がある企業との間に、高利回りの投資信託とされる理財商品が介在しているというかたちになっています。

この**理財商品**は２００５年ごろに登場し、リーマン・ショック後から急速に普及しはじめました。ちなみに理財商品の総計は２０１７年末で60兆～70兆元（約１０００兆円超）にも達し、個人向けの金融商品として金融機関や信託会社が組成し売り出しています。

●図4-12　鈍化した中国の実質GDP成長率

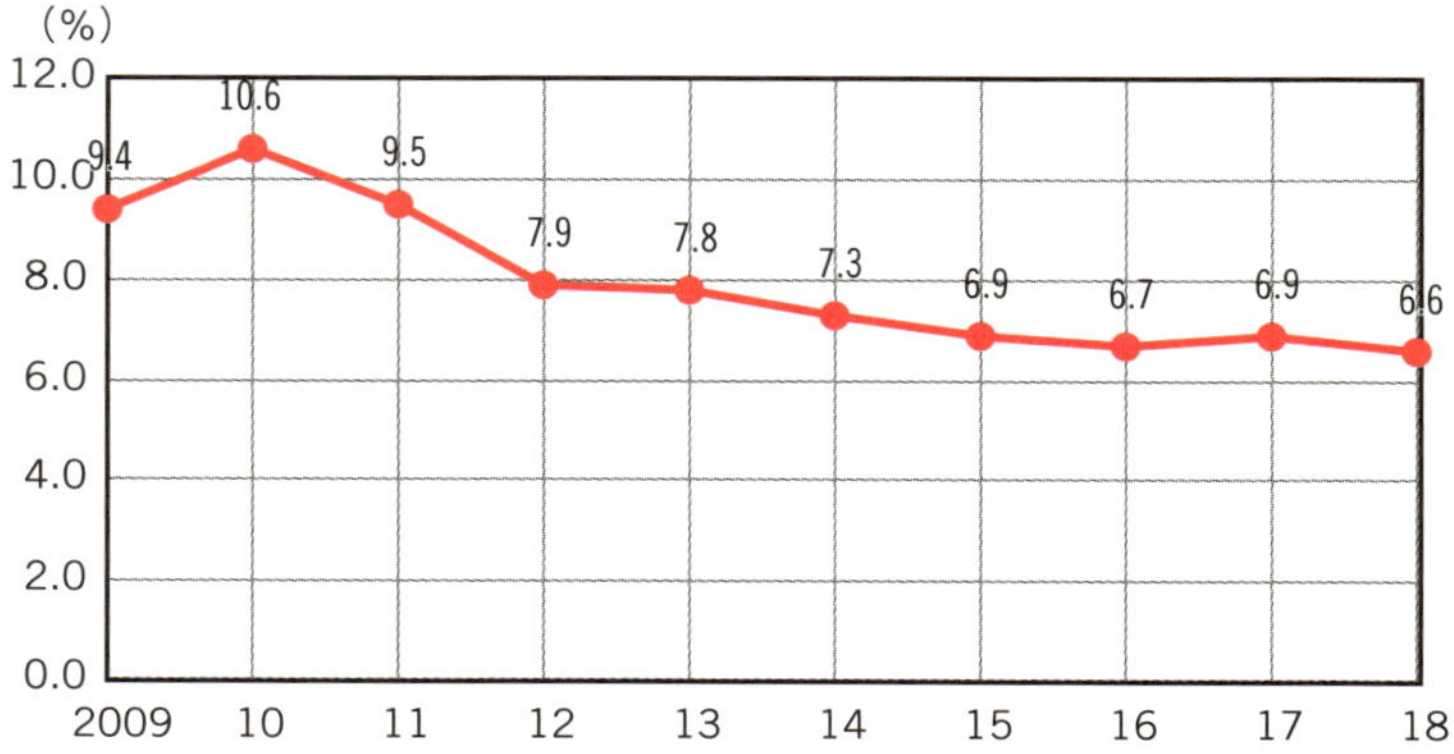

出所：JETRO

また銀行理財だけで29兆元（5000兆円）に上るともいわれています。そしてこれらの理財商品の金利は10%前後、期間は2〜5年、一流の市中銀行の窓口で販売されています。ただし極めて健全性の低い金融商品で、元本が保証される仕組みにはなっていません。

ところが、かねてより理財商品の償還についてデフォルトの懸念が指摘されはじめています。実際にデフォルトに至るケースも増加しているようです。

今のところ公的資金が投入されて事なきを得ているためか、世界的に大混乱を招くような事態にはなっていないようです。しかしこれから償還が相次ぐため、折にふれて世界の金融マーケットに緊張が走ることも予想されます。

地方政府、企業、家計が抱える巨額の債務問題

中国の**地方政府の開発資金（不動産開発）に絡む巨額の借入金**についても、不安視されています。ここで最も懸念されることは、地方政府が不動産開発のために借り入れている資金（150兆円超）の返済が滞り、金融機関が貸し付けた資金が不良債権化することです。それが中国発の経済危機に拍車をかけることとです。

また、中国の公的及び私的な債務がこれまで急拡大してきたという点です。両方を合わせた債務の合計は、中国のGDPの2倍以上(約2・3倍)にも達しています。中国経済の高度成長の終焉が囁かれる今日、どの1つをとってもスケールの大きい話であるだけに、今後の中国に、それらが複合的に作用しながら負の連鎖（金融システムの不安）に陥ることを回避できるだけの政治力と経済的な体力があるかどうかにも大きな不安が残ります。

米中貿易戦争も世界経済を押し下げる

米国は6月15日から第3弾目の追加関税を適用し、中国も報復関税で応戦しています。2019年第1四半期（1月～3月）も、それぞれ前年同月比で中国の対米輸入が29・3%減、米国の対中輸入が13・9%減と、高関税の悪影響が今後も続くものとみられます。

09

国際金価格が一定水準ならドル円相場の変動に注目

★円建ての国内金価格には1ドルよりも1円の変動が大きく影響する

国内金市場への影響という点では、1ドルよりも1円の値動きの方が重視されるのはなぜでしょうか？　その答えは国際金価格と国内金価格という2つの価格にあります。

金地金や金貨は外貨建て商品

日本国内における金地金の売買は、国内金価格（円建て価格）に基づいて行なわれています。その国内金価格は、その時々のドル円レートをもとにして、1トロイオンス（31・1035g）当たりの国際金価格を、1g当たりの国内金価格に換算したものです。早い話しが金地金やコインは、外貨預金や外国債券と同様の効果をもつ**外貨建て（ドル建て）金融商品**の1つでもあるということです。

たとえばある時の国際金価格を1トロイオンス：1300ドル、ドル円相場を1ドル：110円としたときの国内金価格は、1300ドル÷31・1035g×110円＝4597円（1円未満切捨て）ということになります。このことから**国内金価格は、ドル円レー**

トと国際金価格の両方の影響をダイレクトに受けていることがわかります。

したがって**国際金価格を一定としたときの国内金価格は、円高になるほど下落し円安になるほど上昇することになります。またドル円レートを一定としたときの国内金価格は、国際金価格が上昇するほど高くなり、下落するほど安くなる**というわけです。

では、国際金価格とドル円レートでは、どちらの影響力がより強いでしょうか。まず左図の①のようにドル円レートが110円、国際金価格が1300ドルのときの国内金価格は4597円となります。次に②のようにドル円レートは変わらず、国際金価格だけが1ドル上昇するケースの国内金価格は、0・087%だけ上昇することになります。

さらに③のように国際金価格が1300ドルのままで、ドル円レートだけが110円から1円円安になるケースでは、国内金価格は0・914%だけ上昇することになります。

つまりこのケースでは、国際金価格の1ドルの変動よりもドル円レートの1円の変動の方が、国内金価格に対し約10倍もの影響を与えていることがわかります。

国際金価格上昇＋円安進行のときが最高の買い時

もちろんこのドル円レートの影響力は常に一定（約10倍）ということではなく、その時々の国際金価格やドル円レートの水準次第で影響の度合いが異なってきます。ただより明確

●図4-13　国内金価格はドル円レートの影響が大きく出る

$$\frac{\text{国際金価格（ドル）}}{31.1035\text{g}} \times \text{ドル円レート（円）} = \text{国内金価格（g/円）}$$

① 国際価格1,300ドル、ドル円が110円のときは → $\frac{1{,}300\text{ドル}}{31.1035} \times 110\text{円} = 4{,}597\text{円}$（1円未満切捨）

② 国際価格が1ドル上昇すると → $\frac{1{,}301\text{ドル}}{31.1035} \times 110\text{円} = 4{,}601\text{円}$ → 0.087%上昇

③ ドル円が1円円安になると → $\frac{1{,}300\text{ドル}}{31.1035} \times 111\text{円} = 4{,}639\text{円}$ → 0.914%上昇

④ 上記が両方ともだと → $\frac{1{,}301\text{ドル}}{31.1035} \times 111\text{円} = 4{,}642\text{円}$ → 0.979%上昇

国内金価格（円建て）は、国際金価格よりもドル円レートの影響を強く受ける。

●表4-2 国内金価格の目安表

（円）

国際金価格（ドル）	ドル円レート 95	100	105	110	115	120	125
1,000	3,054	3,215	3,375	3,536	3,697	3,858	4,018
1,100	3,359	3,536	3,713	3,890	4,067	4,243	4,420
1,200	3,665	3,858	4,050	4,243	4,436	4,629	4,822
1,300	3,970	4,179	4,388	4,597	4,806	5,015	5,224
1,400	4,276	4,501	4,726	4,951	5,176	5,401	5,626
1,500	4,581	4,822	5,063	5,304	5,545	5,787	6,028
1,600	4,886	5,144	5,401	5,658	5,915	6,172	6,430
1,700	5,192	5,465	5,738	6,012	6,285	6,558	6,832
1,800	5,497	5,787	6,076	6,365	6,655	6,944	7,233
1,900	5,803	6,108	6,414	6,719	7,024	7,330	7,635
2,000	6,108	6,430	6,751	7,073	7,394	7,716	8,037

※ 1円未満切捨

になった点としては、④のケースでも明らかなように、国際金価格が上昇しドル円レートが円安になるようなタイミングのときに、国内金価格への影響力の度合いが最大になるということです。

上の表は、国内金価格に関するドル円レートと国際金価格のマトリクス表ですが、表の右下の方向にいくほど国内金価格が高くなるのがわかります。

このように考えると、日頃から為替市場における代表的な変動要因である貿易・経常収支、2国間の金利格差や景況感格差、資本移動、地政学的要因などへの関心を高めつつ、**内外の金市場とドル円レートとの関係を常に注視していく**必要があります。

第5章

金の買い方・売り方・投資の基礎知識

01

金は世界の五大市場を中心に取引されている

★NY市場（先物取引）とロンドン市場（現物取引）が中心

世界の金取引は、主にニューヨーク・ロンドン・チューリッヒ・香港・東京の五大市場において行なわれています。そして株式市場や為替市場と同様、いずれかの市場で24時間いつでも取引を行なうことができます。

五大金市場の特徴

この五大金市場の特徴について簡単にみておきましょう。各金市場がそれぞれ意味のある役割を果たしていることがわかります。

ニューヨーク市場は、ニューヨーク商品取引所（COMEX）で行なわれている金先物市場（先物取引）であり、世界の「金先物価格」をリードする先物市場という位置づけでもあります。テレビのニュースなどでは、この**NY金先物価格**が取り上げられています。

またNY金先物市場では、ヘッジファンドを中心とした短期的かつレバレッジ効果を最大限に活用した投機的な取引が活発に行なわれ、世界の金地金等の売買価格にも大きな影響を与えています。

ロンドン市場は世界の金取引の「現物価格」をリードする市場でもあり、「**ロコ・ロンドン**」とも呼ばれています。このロンドン金市場では、世界共通の受け渡し条件で流動性の高い現物取引が行なわれています。

たとえば世界の中央銀行が外貨準備高の一部を金（公的保有金）として積み増す際に利用されたり、金現物価格を指標とする欧米の年金基金が好む上場投資信託（金ＥＴＦ）の裏付けとなる金の現物を保管しておく保管先にもなっています。このほかロンドン市場は、金現物取引における種々のインフラ体制も十分に整備されています。

チューリッヒ市場の金取引は、これまでスイスの三大銀行が中心でした。そもそもスイスの金融機関は、世界中の富豪や富裕層にとってその秘匿性の高さが大きな魅力の1つでもあり、スイスの銀行に口座を保有することは1つのステイタスにもなってきました。

しかし昨今では、世界的なマネー・ロンダリング（資金洗浄）や課税逃れに対する各国の当局による摘発のための厳しい包囲網が構築されつつあり、スイスの金融機関に特有の魅力が徐々に薄れつつあります。またこうした厳しい監視の流れは、金市場に限らず世界のマーケットに共通した流れともいえます。チューリッヒ金市場は、このような背景から相対的な地盤沈下の流れの中に置かれているといえます。

●図5-1　五大金市場のイメージ

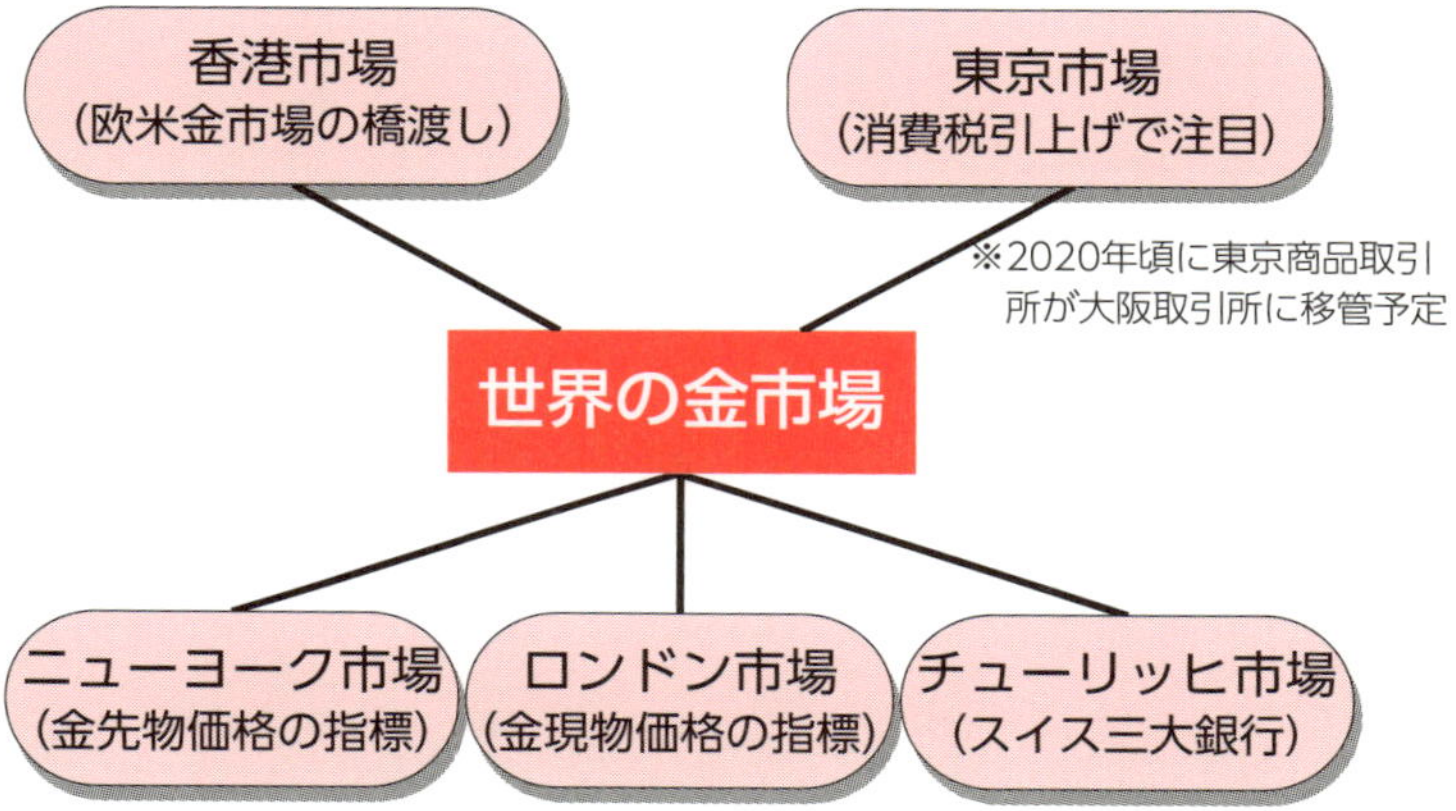

香港市場は、ニューヨーク市場とロンドン市場の「橋渡し」としての役割を担っています。また昨今の東京市場（東京商品取引所）と並んで、アジアにおける象徴的な存在ともいえます。

特に最大の金消費大国の中国を背後に控える香港市場は、従来までの単なる橋渡し役というより、中国の旺盛な金需要を賄うための一大流通経路の役割を果たすまでになっています。

最後の**東京市場**（**東京商品取引所**）は、これまでの数年間、金価格の上昇に並行するかのように年間での大幅な売り越しが続いてきました。まさに金の輸出大国とまでいわれるような大量の金売却が続いてきたのです。

02

金価格には国際金価格と国内金価格がある

★国際価格は1トロイオンス単位のドル建て・国内価格は1g単位の円建て

国内で行なわれている金の売買取引には、どんな価格が使われているのでしょうか？

国際金価格は1トロイオンスあたりのドル建て表示

金の取引価格には、世界共通の取引価格となる1トロイオンス当たりのドル建て金価格（**国際金価格**）と、国内の取引価格としての東京市場における1g当たりの円建て金価格（**国内金価格**）の2種類があります。本書でいう国際金価格はNY金先物価格、国内金価格は東京金先物価格のことを指します。

国際金価格の取引単位である1トロイオンスは、**31・1035g**の金地金の量に相当します。日本人が、日本国内で金地金や地金型金貨（コイン）の売買を行う際には、1g当たりの円建て価格（国内金価格）に換算した価格で売買されることになります。

このため、まず1トロイオンス当たりのドル建て価格（国際金価格：ドル）を1g当たりのドル建て価格に換算し、その時々のドル円レートを掛けることにより、実際の売買に

●図5-2　国内金価格の計算式と計算例

$$\text{国内金価格（1g/円）} = \frac{\text{国際金価格（ドル）}}{31.1035\text{g}} \times \text{ドル円レート}$$

※1トロイオンス：31.1035g

●ある日の金価格

$$4{,}806\text{円} = \frac{1{,}300\text{ドル}}{31.1035\text{g}} \times 115\text{円}$$

※国際金価格1,300ドル、ドル円＝115円の場合。1円未満切捨

使われる1g当たりの円建て価格（国内金価格）が計算されています。この国内金価格に輸送費や保険料などの諸経費を加算したものが最終的な金の**国内売買価格**となります。

ドル円相場の影響が大きい

国内金価格はこのような計算プロセスを経るため、なんといっても**ドル円レートの影響を強く受ける**ことになります。しかも国際金価格の1ドルの変動よりもドル円レートの1円の変動の方が、より強い影響力をもつことになります（このことは146ページでも詳しく説明しています）。

このため日本国内での金投資には、国際金価格とドル円レートの両方に対する目配りが求められます。

03

金地金の取扱業者と買い方の留意点

★実物資産である金には証券投資にはない特徴と留意点がある

代表的な金投資商品となる金地金（バー）は、どこで買えばよいのでしょうか？

金地金の取扱業者と取引単位

具体的には、田中貴金属工業・徳力本店・石福金属興業といった「**地金商**」、三菱商事・住友商事・三井物産といった「**大手商社**」、住友金属鉱山・三菱マテリアル等の「**鉱山会社**」、このほか上記代理店となる「**全国の宝飾品店**」などが一般的です。そして第一商品といった「**商品取引会社**」、ＳＢＩ証券、楽天証券といった「**ネット証券会社**」「銀行」「百貨店」「インターネット業者」「全国のリサイクル・ショップ」などでも取り扱われています。

ところで現物の金地金の売買は、**店頭取引**（相対取引ともいいます）で行なわれています。この方法は地金商や商品取引業者の店頭でカウンター越しに取引が行なわれることから、店頭取引と呼ばれています。

また店頭に出向かなくても「キャッシュ・オン・デリバリー」を原則とする電話一本での振込みや郵送による取引、そしてインターネットによる同様の取引も行なわれています。何よりも大切なことは、**信用力の高い業者を選んで取引する**ということに尽きます。

具体的な取引方法として、金地金の買付けが成立すると、買付代金を地金商や商品取引業者の店頭に「持参」するか「振込み」をすると、金地金の現物をその場で受け取るか郵送（宅配便）により届けてもらえます。販売業者によっては保管サービスも利用できます。

反対に、金地金の売却が成立すると、金地金を地金商や商品販売業者の店頭に持参するか郵送（宅配便）すれば、即日現金決済または振込みにより売却代金を受け取れます（売却は店頭取引のみの業者もあります）。

◆金地金は5gから買える

このほか金地金の売買単位はというと、5g、10g、20g、50g、100g、200g、300g、500g、1kgが一般的です。たとえば国内金価格が1g：4800円の場合、売買手数料及び金価格に対する消費税を考慮しなければ、最低24000円（5g×4800円＝24000円）の小口資金で誰でも簡単に購入できるというメリットがあります。ただ販売業者によって売買単位が異なる点に留意してください。

それから1つだけ特別に留意すべき点があります。それは「500g未満」の金地金の

●表5-1 金地金の売買

売買単位	5g／10g／20g／50g／100g／500g／1kgなど（販売会社により異なる場合がある）
最低購入金額（5gの場合）	2万円前後（5g×4800円＝24000円）（1g：4800円のケースで売買手数料や消費税は除く）
スモールバー・チャージ	500g未満の金地金の1本ごとにかかる加工手数料で売買手数料とは別に必要となる（購入時と売却時の両方に適用される）
500g単位での購入メリット	※持ち運びが容易で相続や贈与の際の分割が容易。必要時には少しずつ換金して使える

購入には、通常の売買手数料（スプレッドともいいます）のほかに、「**スモールバー・チャージ**」（加工料）が加算されるということです。

このスモールバー・チャージのチャージ料そのものには一定の幅（1本：1700〜5000円程度）がありますが、金地金1本ごとに加算され、金地金の量や販売会社によっても異なります。また金地金を売却する際にも差し引かれます。さらにこのスモールバー・チャージにも消費税がかかります。これについては後述します。

したがって、あまり小口に分けすぎるとデメリットの方が大きくなりますので、資金に余裕のある方はできれば500g単位で購入するのが賢明な方法といえます。

このほか500g単位での購入なら、保管や持ち運びもさほど苦にならず、相続や贈与の際

●図5-3　売買と受渡し（キャッシュ・オン・デリバリー）の基本的な流れ

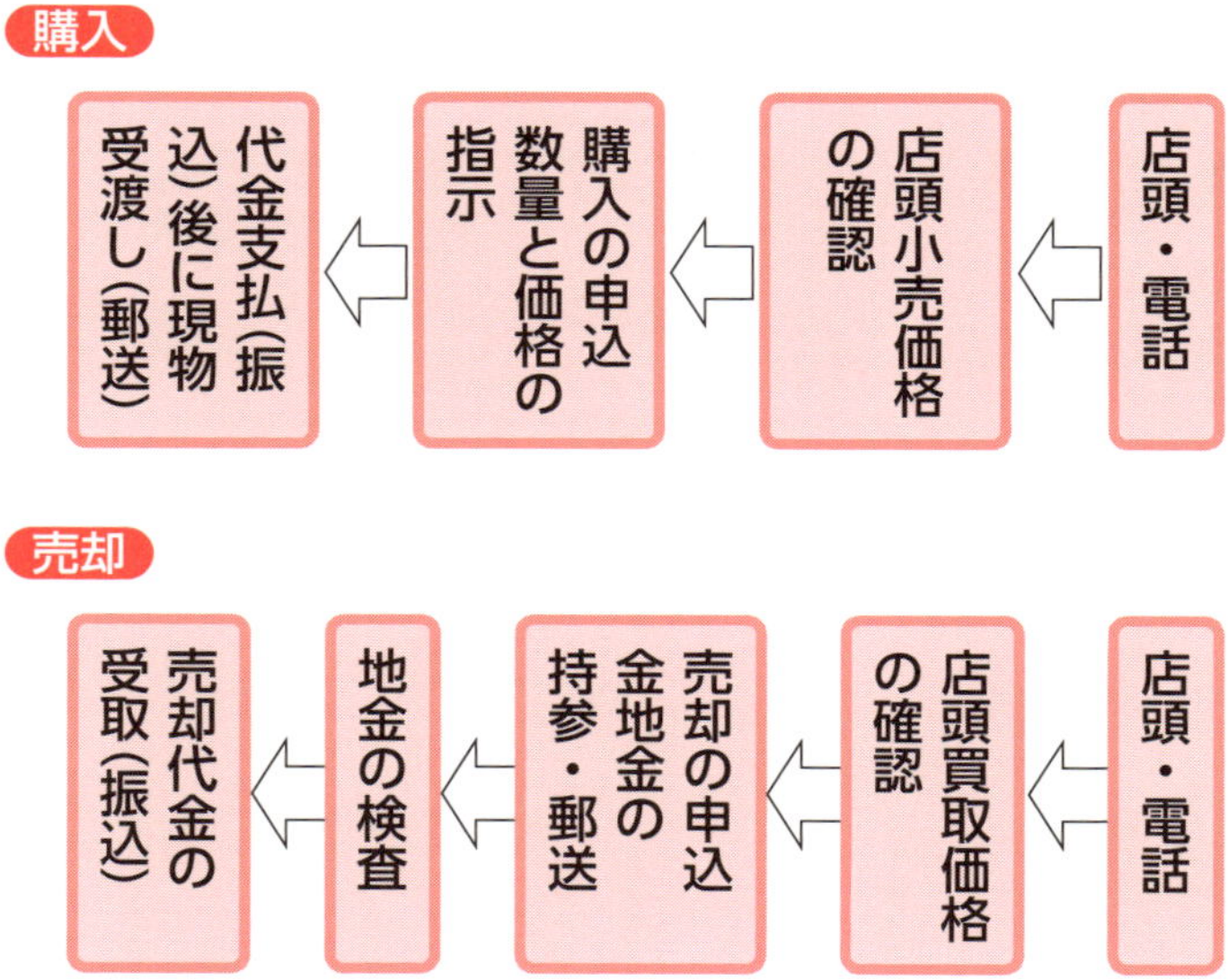

※購入、売却共に本人確認が必要になります。

金地金の購入と業者のチェックポイント
信用力（上場・非上場や自己資本比率）
売買手数料（スプレッド）
保護預かりや保管料の有無などの適用要件
換金時の買取りの有無と適用要件
他社購入の金地金の鑑定料の有無と適用要件
その他（電話、Webによる申込みの対応有無など）

の分割や老後資金のための取り崩しも容易になります。

金地金の売買と取引コスト

具体的なコストとしては、①国内金価格にかかる消費税、②売買手数料（後述するスプレッド）、③スモールバー・チャージ、④売却益（譲渡所得）課税などがあります。このうち、④の課税については第6章（205ページ）を参照してください。

ここでは①～②についてイメージを明確にしておきましょう。

①国内金価格（金地金）にかかる消費税

一概に売買コストという表現はふさわしいとはいえないかもしれませんが、購入時及び売却時の両方に関係してきます。購入時の金価格にかかる消費税率に基づく消費税額が購入金額に上乗せされてきますが、**売却時にはその時点の金価格に対する消費税率に基づく消費税額が売却代金に上乗せされて手元に戻ってきます。**

したがって購入時と売却時の消費税額の「差額分」が受取超過になるのか、支払超過になるのかによって、その差額分は売買コストにもなれば売買収益にもなるというわけです。ただあくまでも支払う消費税額と受け取る消費税額との差額に過ぎないということです。

②売買手数料

これは金地金を売買する際に販売業者に支払う手数料で、「**スプレッド**」とも呼ばれています。購入時の国内金価格に買付手数料を上乗せしたものを「**店頭小売価格**」、売却時の国内金価格から売却手数料を差し引いたものを「**店頭買取価格**」と呼んでいます。

ところでこのスプレッドとは、1g当たり往復（買いと売りの両方）の売買手数料の「幅」のことで、販売業者のマージンになります。たとえばある販売業社のスプレッドが「60円」の場合、その時点において売買する際の国内金価格に「片道30円」が売買手数料として加算（購入時）され、または控除（売却時）されることになります。

たとえば販売業者のスプレッドが60円で、国内金価格が1g：4800円の場合、その時点における店頭小売価格（顧客の買付価格）は4830円であり、店頭買取価格（顧客の売却価格）は4770円となります。したがって売買手数料だけに限ると、国内金価格が買値の4830円より30円だけ上昇した4860円を上回ってくれれば売却益が発生することになります。

このスプレッドは金地金の販売業者によっても異なりますが、大手販売業者などが80円前後であるのに対し、金地金の売買以外にも金先物取引等を取り扱う「商品取引会社」になると、その約6割の「50円」前後としている業者が多くなっています。

●図5-4　金地金売買のコストとスプレッド

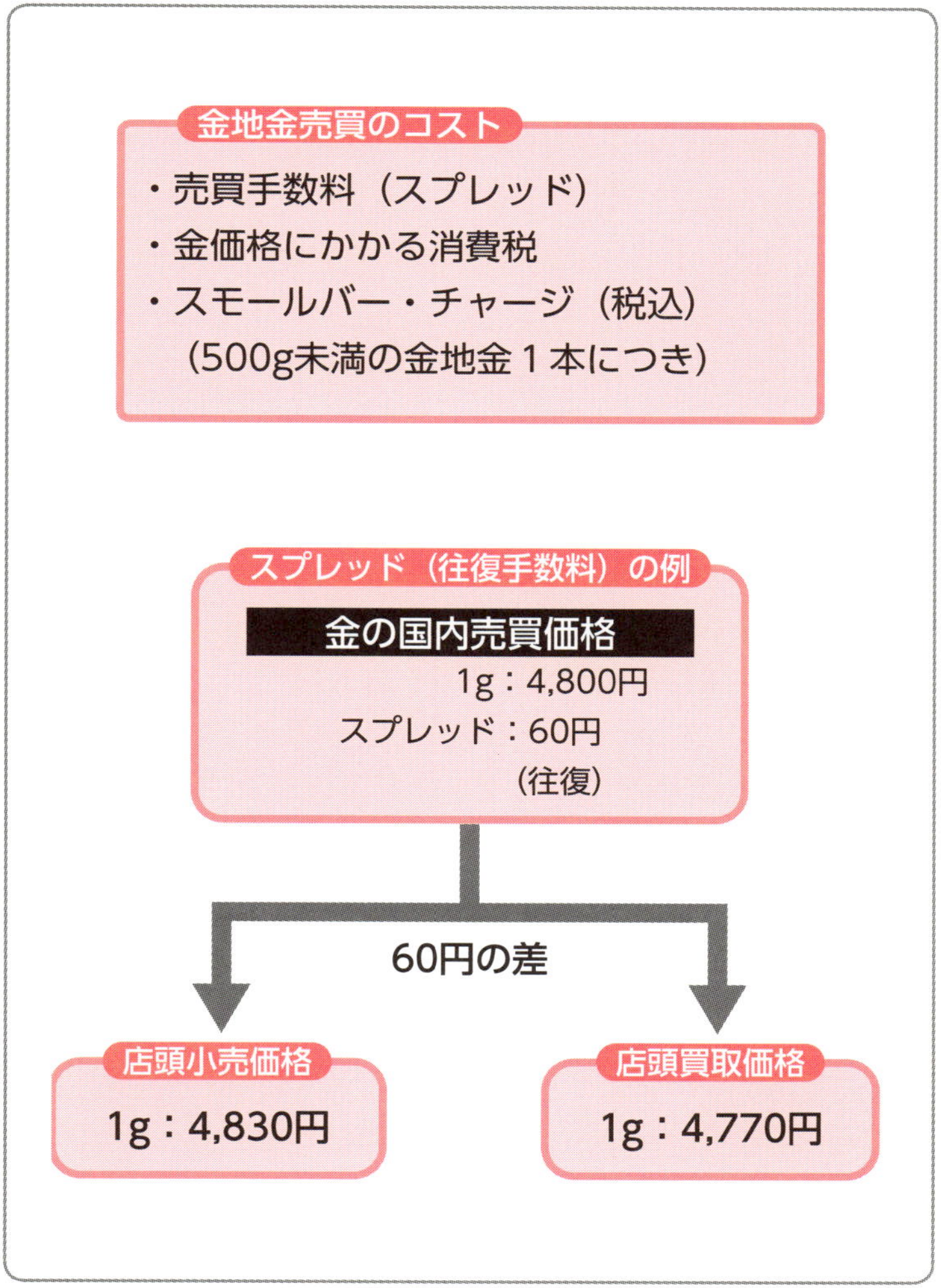

●図5-5　金地金の売買代金の計算ポイント

売買代金の計算方法

・購入代金＝
　金の国内価格＋売買手数料＋消費税

・売却代金＝
　金の国内価格－売買手数料＋消費税

・500g未満の金地金は上記代金に
　「スモールバー・チャージ」（税込）が加算（購入時）・
　控除（売却時）される

金地金の売買計算例

1g当たりの国内価格：4,800円
スプレッド（往復）：60円
スモールバー・チャージ：3,000円（100g1本当たり）
消費税：8％

●金地金1kgの購入代金
｛(4,800円+30円)×1,000g｝×1.08=5,211,000円

●金地金1kgの売却代金
｛(4,800円−30円)×1,000g｝×1.08=5,151,600円

●金地金100g（スモールバー）の購入代金
｛(4,800円+30円)×100g+3,000円｝×1.08=524,880円

●金地金100g（スモールバー）の売却代金
｛(4,800円−30円)×100g−3,000円｝×1.08=511,920円

※消費税率は2019年10月から10％になる

このため売買手数料だけに限れば、**スプレッドの小さい業者を選ぶことが金地金を売買する際の重要なポイント**の1つになることがわかります。

04

金地金の保管と売り方の留意点

★自宅保管は盗難に注意。業者の保管サービスは詳細までよく検討すること

購入した金地金は、どのように保管すれば安心できるのでしょうか？

少なくとも火事、盗難、地震、風水害などに対しても、安心できる保管方法で保管場所も忘れないようにしたいものです。また自分だけでなく、家族（少なくとも配偶者）にも告知しておくようにしましょう。

金地金の保管と保管コスト

さて販売業者から購入した金地金の保管方法には、①自宅の金庫で保管する、②銀行等の貸金庫で保管する、③販売業者の保管サービスを利用するといった方法があります。

ただ、それぞれの保管方法には一長一短があるため、具体的な保管方法や保管コスト、売却時の買取制度、販売業者に保管を委託している場合のリース運用（消費寄託契約や保管先業者の財務状況）などについて十分に比較検討し、自分にとって本当に安心できる方法を選択するようにしてください。

①自宅の金庫で保管する

最近は特に知能犯的な犯罪が増えており、いずれは現金目当てだけではなく金地金を狙った犯罪が増えてくるかもしれません。自宅の金庫で保管する方法は、たしかに金を手元で保有しているという実感こそ味わえますが、金庫ごと持ち去られるような犯罪も多発していますので、持ち運びができないような大型の金庫でないと安心できません。

さらに自分や家族が自宅で有事の金（？）を地で行くような犯罪の被害者になるかもしれません。ただ自宅で保管している金地金が命の代償となり、自分や家族が命拾いをすることだってあるかもしれません。

自宅の金庫での保管は、保管コストという点では最も低コストといえますが、低コストである代償を払わされることがないよう、くれぐれも用心することが肝要です。

②銀行等の貸金庫で保管する

最近はこの保管方法を利用する方が非常に多くなっているようで、順番待ちとなっている金融機関の支店も少なくありません。

貸金庫は年間の使用料がかかりますが、貸金庫のタイプ（サイズ）により料金が異なります。ただ、大きなサイズの貸金庫になると決して安い使用料ではありません。また金融機関との取引状況などに応じて、割引（もしくはポイント付与）をしてくれる金融機関もあるようです。

とはいえ、すでに別件で貸金庫を借りていたり、1kg単位の金地金などを保管しているならまだしも、ただ単に小口の金地金のためだけに貸金庫を借りるとなると、どうしても二の足を踏む方も少なくないと思います。このような方にとっては、次の③のケースが選択肢の1つといえるかもしれません。ちなみに後述する純金積立や金ETFなら保管の心配をする必要もありません。

③販売業者の保管サービスを利用する

この方法は、個人的には盗難の心配もなく無理なく安心して利用できる方法ではないかと思います。ただ、保管先の業者等の「分別保管（特定保管）の有無」や「リース運用（消費寄託）の際の金地金の保全などについては十分な確認が必要です。

ところで販売業者の保管料は、保管の対象となる金地金の量により一律ではありませんが、銀行等の貸金庫による保管より割安なケースも少なくありません。また売買の都度、金地金の受取り、金地金の送付、そして店頭への持ち運びなどの手間などを省けるというメリットもあります。昨今では、一定期間や一定量までなら無料としている販売業者も少なくありませんが、保管の委託自体を受けつけていない業者もあります。

●図5-6　金地金の保管とコスト

自宅の金庫

・基本的にコスト不要
・手軽に保管ができる
・盗難など安全性に不安がある
・いつでもながめることができる

銀行の貸金庫

・順番待ちで空きが少ない
・利用料が必要になる
・安全性には問題がない
・自己保管にくらべ手軽さに欠ける

保管サービス

・保管料が割安になる（不要の場合もある）
・他社への持ち込みは保管料が上乗せされることもある
・あらかじめ保管先の安全性に十分留意する
・保管場所の心配がない
・取扱業者により保管料が異なる

●表5-2　銀行の貸金庫の使用料（税込）の例（2019年6月28日調べ）

金融機関名	使用料（税込）の例
三井住友銀行	6か月8,100円
みずほ銀行	年29,160円（東京営業部の一例）
三菱UFJ銀行	年15,876円

※使用料は各社、サイズ・タイプ等及び店舗により異なる。上記は一例　出所：各社HP

●表5-3　販売会社の保管サービスの例（2019年6月28日調べ）

販売会社名	預かり対象など
石福金属興業	・自社製金・プラチナ・銀　特定保管
田中貴金属工業	・購入預り／持込預りサービス（自社製金地金・プラチナ地金100g以上100g単位　特定保管）
徳力本店	・購入預入れ（100g以上100g単位）　特定保管 ・持込み預入れ（条件により他社製も可）

※販売会社やサービスによっては、別途保管料等がかかる　出所：各社HP
※特定保管は顧客の預かり資産を業者の資産とは分別して専用の金庫で保管すること

ただ他社で購入したり、自分で保管している金地金を購入先ではない販売業者に持ち込んで保管してもらう場合は、通常の保管料とは別の保管料が1kgごとに上乗せされるケースもあります。このため販売業者の保管サービスを利用する場合は、金地金を購入した販売業者を利用するのが合理的といえるかもしれません。

金地金には利息はつかないが配当をもらえる場合がある

金地金に配当がつくとはどういうことでしょうか？

うまい話しには、何でもまず疑ってかかる必要があります。そもそも金地金は、マーケット・バリューという点から値上がり益（キャピタルゲイン）のみを期待するだけで、預貯金や公社債のような利息（インカムゲイン）がつくことはありません。

ところが、保管先の販売業者が顧客の金地金を「リース運用」することにより、顧客がその配当を受け取れるという場合があります。ただこの**リース運用は、一般的に消費寄託契約ですが、金地金の所有権は販売業者に移り、顧客は返還請求権を有するかたちになる**ことに十分な注意が必要です。もし販売業者が破綻（倒産）した場合、顧客が保管の委託をしている金地金が手元に戻ってこなくなるおそれがあるからです。

このほかこのリース運用の対象となる金地金の量や条件は販売業者ごとに異なります

が、一般的には500gや1kgなどと決められています。ちなみにリース運用による配当率はその時々の「重量」及び「金価格」により異なります。また現在のところリース運用は下火で、サービスを行なっていない業者の方が多いようです。

この配当金は、リース運用の終了時点において現金や金地金のかたちで受け取ることができます。たとえば**純金積立の場合も一般的に消費寄託契約によりリース運用される**仕組みであり、純金積立の積立期間の満了時に金地金を付与する販売業者もありますが、これは積立期間中のリース運用から得られた配当が金地金のかたちで付与されることになります。ただ純金積立のリース運用による収益を顧客に還元している業者は少ないようです。

◆安心して取引できる業者を選ぶことが鉄則

最後に、このリース運用については、少し有利な配当を受け取るだけのために販売業者の経営不安を心配したり、マーケット環境の激変に不安を感じながら金地金を保管してもらうようでは、安心感のための金投資という本来の趣旨からは逆行してしまいます。

投資の世界では、不安を感じたりわからないものには手を出さないことが鉄則であることからすれば、わずかばかりの有利性に目がくらみ余計な心配をすることがないよう肝に銘じておかなければなりません。

金地金と売却時の留意点

ここでは同じ金地金でも売却時に特有の留意点についてみてみましょう。

金地金を売却する際は、購入時の販売業者の保管サービスを利用していれば特段の問題はありませんが、自宅の金庫や銀行等の貸金庫で保管している金地金を業者に持ち込んで売却する場合は**購入時の「買付計算書」**が必要になります。

この計算書は、売却を委託する販売業者で購入したものかどうかの証しとなります。このため計算書を紛失した場合は、本人確認書類（運転免許証や健康保険証など）が必要になります。このほかにも相続や贈与などで購入者と売却者が異なるようなケースでも、本人確認書類が必要となります。

ところで多くの販売業者は、自社で販売した金地金以外の金地金（他社購入）であっても買取りには応じますが、なかには応じてくれない販売業者もあります。そして**自社販売以外の金地金を買い取る場合は、自社販売の金地金の買取価格より低い価格となる**ことも少なくありません。また自社販売以外の場合には、本物の金地金かどうかの確認のための鑑定料を別途徴収する販売業者もあります。

●図5-7　金地金の売却時や買取条件の留意点

①▶ 購入時と同じ相対取引（店頭取引）（店頭持参・郵送→現金決済・振込）

②▶ 保管サービスなら金地金の持参や郵送のテマが省ける

③▶ 購入時の計算書が必要になる（購入先かどうかの証明書）

④▶ 購入時の計算書の紛失は本人確認書類が必要になる

⑤▶ 購入者と売却者が異なる場合（売却人の本人確認書類が必要）

⑥▶ 自社販売の金地金だけ買取りに応じる販売業者もある

⑦▶ 自社及び他社販売の金地金を買い取る販売業者もある

⑧▶ 他社販売の金地金の買取価格は低く、鑑定料が必要になることもある

⑨▶ キズがあっても重量減でなければ通常価格で買い取る

⑩▶ キズのある地金型金貨（コイン）の買取価格は低くなる

◆金地金にキズがある場合はどうなるか？

金地金の損傷については、「**刻印**」（ロンドン金市場の公認マーク）が明確に確認されて重量（5gから1kgまで）も変わらなければ、基本的に通常価格で買い取ってくれる販売業者が大半です。

しかし購入先の販売業者であっても、金地金の重量が減っている場合は、その買取価格は通常よりも低くなってしまいます。特に地金型金貨（コイン）のキズは、購入先の販売業者かどうかに関係なくその買取価格は通常よりも低くなります。金地金はキズに強く、コインはキズに弱いことがわかります。コインの保管には十分な留意が必要です。

このように金地金の購入時には、あらかじめ**各販売業者の売却時の買取条件などを比較・検討**することにより、自分にとって少しでも有利な販売業者を選ぶなど、ささやかな知恵を働かせてみる必要がありそうです。

以上の点からすると、金地金は購入時の販売業者の保管サービスを利用するのが最も手間を省く方法であり、自宅の金庫や金融機関の貸金庫で保管する場合であっても、購入時の計算書を添えて購入時の販売業者で売却することが、売却時のトラブルやわずらわしさを極力少なくする方法といえます。

FINE
GOLD
999.9
FINE
GOLD
999.9
1000g

05

地金型金貨（コイン）の取引と保管方法の留意点

★金貨は購入時に鋳造費が上乗せされるが売却時にはプレミアムとなる

地金型金貨（コイン）は、どこで買えばよいのでしょうか？

地金型金貨（コイン）の種類と取引単位

地金型金貨は、金地金の販売業者と同じであるとはかぎりません。無難な購入先としては、田中貴金属工業等の地金商、三菱マテリアル等の鉱山会社、三菱商事等の大手商社、百貨店や銀行といった知名度や信用力の高い業者を挙げることができます。

昨今では、百貨店の新年における福袋の中の高価な宝飾品として金の置物（彫り物）などが取り扱われていることもあります。一方で金地金の販売業者でもある商品取引会社の多くは、地金型金貨の取り扱いはしていません。

また、雨後の竹の子の如く林立するリサイクル業者では、地金型金貨のキズの有無や質の鑑定などに不安があります。いずれにしても取扱業者は手間ヒマをかけて慎重に選択するようにしたいものです。

●図5-8　金貨の種類と金貨の売買単位

金貨の種類

- カンガルー金貨（オーストラリア）
- メイプルリーフ金貨（カナダ）
- ウィーン金貨（オーストリア）
- パンダ金貨（中国）
- イーグル金貨（アメリカ）
- ブリタニア金貨（イギリス）
- エンシェル金貨（スイス）
- テディベア金貨（クック諸島）
- スペイン海賊金貨（スペイン）

金貨の売買単位

単位はオンス

1

1/2

1/4

1/10

◆地金型金貨の種類

ところで地金型金貨には、上図のようなものがあります。特にウィーン金貨やイーグル金貨などは高い人気となっています。

この地金型金貨は1枚単位でも購入することができるため、小口資金での投資も可能であり、老若男女を問わず身近で手軽な投資方法の1つといえるかもしれません。

なお実際の地金型金貨の購入は、「**1オンス金貨**」（31・1035g）が一般的となっています。地金型金貨の購入単位には、「1オンス」以外にも「2分の1オンス」や「4分の1オンス」などがあります。

ここで、地金型金貨の各取引単位を円換算してみることにしましょう。

たとえば、国内金価格を1g：4800

円とし、コインに加工するための**鋳造コスト**（加工料）を考慮しなければ、1オンス金貨なら約14万9296円、2分の1オンス金貨なら約7万4648円、4分の1オンス金貨なら約3万7324円、そして10分の1オンス金貨なら約1万4929円と手軽な投資金額になることがわかります。

このように地金型金貨は、ちょっとしたお小遣いや余裕資金でも手軽に購入することができます。地金型金貨には、ほかにも金地金の取引にはないメリットがあります。それは小口の金地金（500g未満）の取引に必要なスモールバー・チャージがいらないという点です。つまり小口の金投資なら、500g未満の金地金より地金型金貨の方が売買コストが安くなるということです。

◆金貨にはプレミアムがつく

ただ地金型金貨の購入価格には、その時々の国内金価格に**鋳造コスト（加工料）が「プレミアム」として上乗せされる**ことになります。したがって同じ量の金地金より割高な価格になるという側面をもっています。

ところが、特にキズなどの損傷がなければ鋳造コストが売却価格にプレミアム分として上乗せされますので、原則として不利になるようなことはありません。ただ、「**キズに弱い**」という点には十分留意してください。ただ、田中貴金属工業は市場環境の変化により

●図5-9　地金型金貨の売買ポイント

①購入時期の分散で価格変動リスクを軽減することができる
②まとめて購入しても１枚単位で売却できるため小回りがきく
③金地金のようなスモールバー・チャージがない
④地金型金貨はプレミアム（加工料）分だけ金地金より割高になる（売却時にキズがなければプレミアム分が上乗せされて換金される。※ただし市場動向によりプレミアムが引き下げられたり、廃止されることもあるので購入時に確認が必要）
⑤１オンス金貨はスプレッドの幅が最も小さく投資効率がよい

２０１９年10月からウィーン金貨ハーモニーとメイプルリーフ金貨の買取りプレミアムを廃止し、同時に販売時の上乗せプレミアムを引き下げると発表しています。今後は購入する際にプレミアムの扱いについて確認が必要です。

このほか金地金と同様、地金型金貨の売買にもスプレッドが適用されます。ところが地金型金貨のスプレッドは、「1オンス金貨」が最も小さくなります。1オンス金貨の売買が一般的となっている理由がここにあります。

以上の点からすると、５００g未満の金投資という点では、スモールバー・チャージのある金地金より地金型金貨の方が有利であり、売買単位としてはスプレッドが最も小さい「1オンス金貨」が効率的といえます。

◆地金型金貨と保管の留意点

地金型金貨（コイン）の保管方法は、①自宅の金庫で保管する方法、②銀行等の貸金庫で保管する方法があります。地金型金貨の保管サービスを行なっている販売業者は見当たらないようです。

ただ①や②には特有の留意点があります。金地金と同様、自分が安心して保管できる方法を選択するようにしてください。

①自宅の金庫で保管するケース

地金型金貨は金地金よりサイズも小さく、どうしても自分の手元や自宅の金庫で保管することが多くなると思います。この方法であれば、いつでも手にとって見て楽しむことができるし、友人などへの急なプレゼントとしても役立てることができます。

ただ金地金と大きく異なる点として、くり返しになりますが**キズがつくと買取価格が下落してしまう**ということがあります。他のアクセサリーと一緒の宝石箱に保管しておくことは避けるべきです。他のアクセサリーの出し入れのたびにキズがついたり、何かのはずみで紛失したりするおそれがあるからです。金貨専用の収納ケースなどを利用するのがよいでしょう。

地金型金貨の最大の敵は「キズ」であることを肝に銘じておいてください。

②銀行等の貸金庫で保管するケース

これは基本的に、金地金を貸金庫で保管する場合と同じです。自宅の金庫などでの保管よりキズがつきにくいというメリットもあります。

以上の点からすると、地金型金貨は、地震、風水害、火災、盗難、紛失などを想定した場合、自宅の金庫や手元で保管するより、多少のコストがかかっても金融機関等の貸金庫などを利用する方が、キズの防止といった品質維持という観点からしても無難といえます。自宅の金庫や自分の手元で保管する場合は、くれぐれもキズには十分な注意を心掛けてください。

●図5-10　地金型金貨の保管方法と留意点

保管方法

・自宅で保管
・銀行等の貸金庫

保管の留意点

・キズがある地金型金貨は買取価格が不利になる（プレミアム分の上乗せがなくなる）
・銀行の貸金庫が安心。倉庫会社なども貸金庫のサービスを行なっている所がある。
・自宅で保管する際はキズや紛失に注意する（専用の収納ケースなどを利用し、他のアクセサリーと一緒の保管箱などに入れるのは避けた方がいい）

06 純金積立でコツコツと資産をつくる

★月々千円といった少額から始められ金地金や金貨にも交換できる

純金積立はどのような業者が取り扱っているのでしょうか？

取扱業者と積立方法

一般的には、地金商・鉱山会社・宝飾品店・商品取引会社・銀行・ネット証券・インターネット業者など多くの販売業者が取り扱っています。ただ、業者によってサービス内容の詳細にはちがいもありますので、よく確認することが必要です。

この純金積立の基本的な仕組みとしては、毎月の積立金額を営業日数で割った1営業日当たりの金額により、毎営業日ごとに自動的に金地金を買い付けてゆく方法（**ドルコスト平均法**）が採用されています。

毎月の積立金額（買付代金）は、**3000円以上1000円単位**が一般的ですが、昨今ではネット証券をはじめとして1000円以上での積立金額で始められる業者もあります。そして、この積立金額は金融機関等の口座引落しにより買付代金に充当されます。

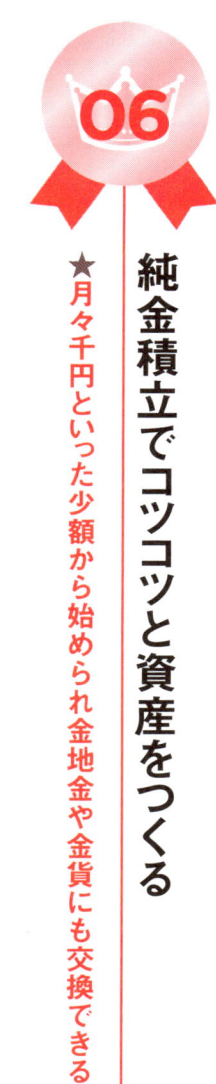

●表5-4　純金積立ができる取扱業者の例（2019年7月3日時点）

取扱業者	積立の最小単位	預り方法	スポット取引	地金での引き出し
石福金属興業	3,000円以上1,000円単位	特定保管	○	○
徳力本店	3,000円以上	特定保管	○	
三菱マテリアル	3,000円以上1,000円単位	特定保管/消費寄託	○	○
田中貴金属工業	3,000円以上1,000円単位	特定保管	○	○
マネックス証券	1,000円以上1,000円単位または1g以上1g単位	消費寄託	○	○
ＳＢＩ証券	同上	特定保管	○	○
楽天証券	同上	消費寄託	○	×
住信ＳＢＩネット銀行	1,000円以上1,000円単位	消費寄託	×	×

出所：各社HP

◆純金積立のコスト

コストについては、業者により若干異なりますが、１０００円～２０００円程度の年会費（無料のところもあります）と毎月の積立金額１０００円につき25円程度（購入金額の１・５％～２・５％程度といったところもあります）の購入手数料がかかるのが一般的です。また、純金積立も金地金の小口の売買に該当しますが、５００g未満の金地金にかかるスモールバー・チャージはありません。

◆買付の停止や途中売却もできる

このほか業者によっては毎月の積立金額は途中で「減額」や「増額」ができるほか、一定期間の買付けの「**停止**」や「**途中売却**」もできます。したがって金価格の大幅な上昇局面では積立金額を減額したり、また様子を見ながら一定期間の買付けを停止するといった方法も選択できます。一方、逆に金価格の下落局面では積立金額の増額という選択肢も有効になります。

◆等価交換やスポット購入もメリット

このほかあらかじめ積立期間を設定していても、積立期間の満了時に自動継続を選択して積立を継続することもできます。また、地金商などの場合はその販売業者が取り扱っている金地金、宝飾品、ジュエリーなどとの「**等価交換**」も選択できます。

そもそも純金積立の本来の目的は、財形貯蓄制度のように小口で無理なく長期にわたりコツコツと財産を築くことにあります。積立期間の途中での減額・増額・停止などを上手に活用しながら、長期的に継続して積み立てられることに大きなメリットがあります。

このほか、この純金積立には「**スポット購入**」という制度があります。毎月の積立とは別にスポット的に金地金の買い増しや売却ができる制度で、業者によっては金地金を購入する際に通常の購入手数料がかからないというメリットがあります。たとえば金価格が大きく下落したときなどに、通常の購入手数料なしで金地金をまとめて購入することができます。

さらにこの積立期間中は、その販売業者による保管サービスがスポット購入にも自動的に適用されて管理されますが、保管サービスにともなう保管料を無料としている販売業者

●表5-5　純金積立の概要

取扱会社	銀行、貴金属商、地金商、商社、鉱山会社、証券会社、商品先物取引会社、その他
仕組み	毎月の積立金額を販売価格の営業日数で割り、その金額で買えるだけの金地金を毎日買い付ける
定額積立／定量積立	月々3,000円以上で1,000円単位（1,000円からできる業者もある）／1ｇ以上1ｇ単位
積立方法	銀行引落しが一般的（増減、減額、一時中断も可）
購入手数料	買付代金1,000円につき25円程度（買付代金の1.5～2.5%程度といった業者もある）。スモールバー・チャージはなく、スポット購入には購入手数料がかからない業者もある
売却	いつでも可能で売却手数料がかからない業者もある
口座管理料	年間1,000円～2,000円程度（保管サービス料はない）
その他	業者によっては、金製品との等価交換ができたり、リース運用によるポイントサービス及び金地金の付与がある

●図5-11　積立てた金の取扱い

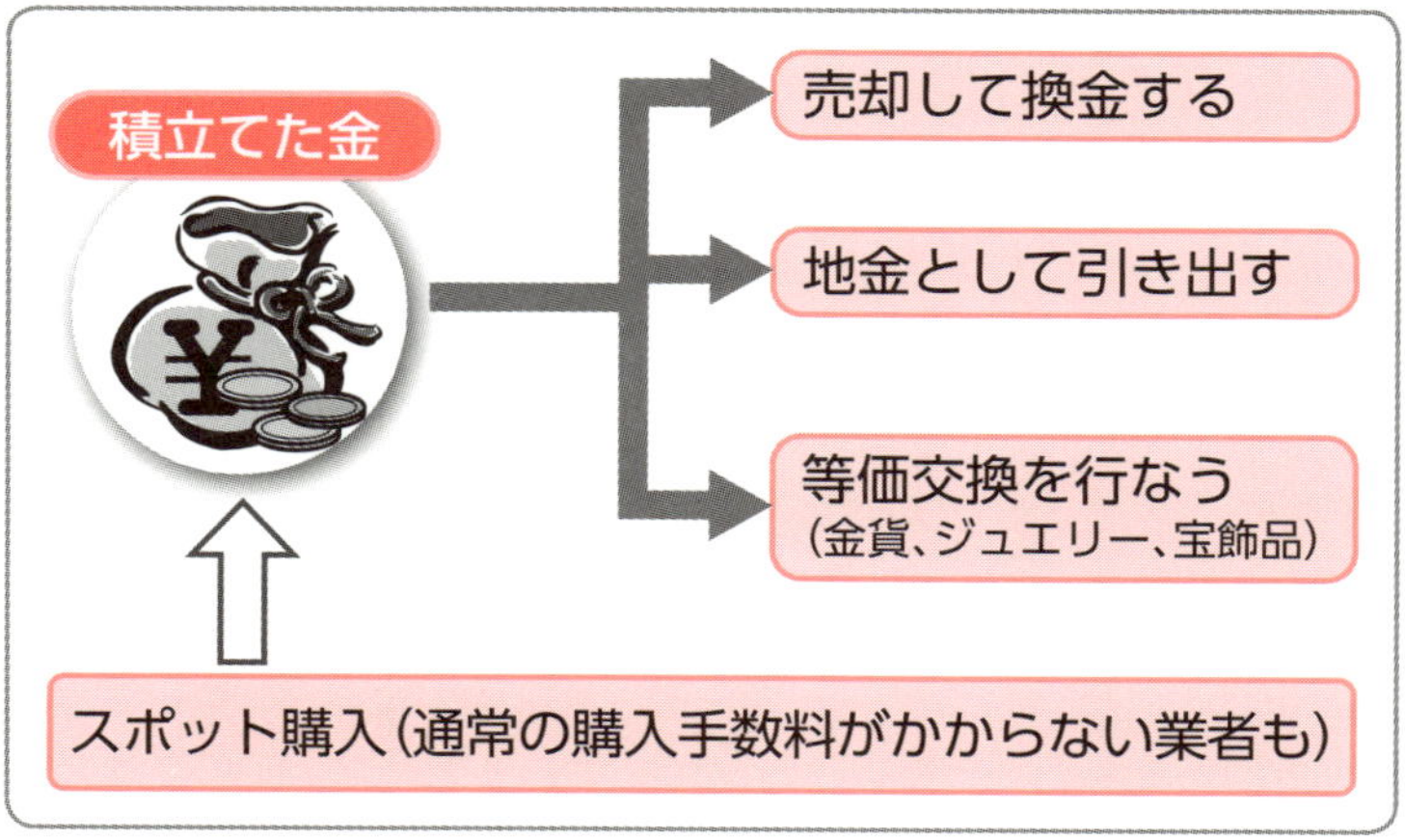

も多いようです。

◆**積み立てた金地金はリース運用される場合が多い**

最後に、**純金積立の積立期間中に買付けた金地金は、一般的に多くの業者で消費寄託によるリース運用の対象**になっています。その見返りとして、積立期間満了時に積立期間中に買付けた金地金の量に応じて、リース運用から得られた収益を金地金の付与や販売業者の商品と交換できるポイントの付与などによって利用者へ還元する業者もありますが、少ないようです。

純金積立はうまく使えば平均買値を安くできる

そもそも純金積立とは、毎月一定金額で継続的に金地金を購入してゆく投資方法です。この純金積立の買付けには、**ドルコスト平均法**のメリット（デメリットもあります）が機能しています。このドルコスト平均法は、ポートフォリオ運用における「時間分散」（購入時期の分散）の考え方に基づいた買付方法です。たとえば株式累積投資（るいとう）や従業員持株制度など、私たちの身近な金融商品にも応用されています。

◆**一定数量ではなく毎月一定額を買い付ける**

具体的な定義としては、「ある特定の商品を価格の動きやタイミング等に関係なく、定

●表5-6　金価格の動向によって積立金額を調整する

	金価格上昇局面	金価格下落局面
ドルコスト平均法	不適	適
積立金額の増額	不適	適
積立金額の減額	適	不適
積立停止	適	不適
スポット購入	不適	適

期的に一定金額を継続して購入する方法」とされています。

この方法によると、金価格が高いときには少ない数量を、安いときには多くの数量を買うことになり、長期にわたり買い続けると一定数量を定期的に購入する方法に比べ、1g当たりの平均取得価格を安く（低く）することができます。

◆価格の上昇局面には向かない

ただこの方法は、金価格の下落局面や安値圏での動きが続くような局面では有効ですが、**金価格の上昇局面では平均取得価格も徐々に切り上がる**ことになります。

したがって、それぞれの局面では先の毎月の積立金額の減額・増額・一時的な積立停止・スポット購入・売却といったテクニックを組み合わせ、その時々の効果的な活用方法を選択する必要があります。

07

金先物取引は短期の値動きをねらう商品先物取引

★売りもでき、レバレッジもきく取引だが初心者向きではない

実際に国内で行われている金取引には、現物取引と先物取引の2種類があります。日本にもNY金先物市場のような金先物市場（**東京商品取引所**）があります。しかし、どのような投資の世界であれ、その金融商品の特徴や取引の仕組みを十分に理解できないようであれば、そうした取引には近寄らないに越したことはありません。

金先物取引は商品先物取引の1つ

金先物取引では、ともすれば金価格の短期的な動向に振り回されてしまいがちです。こうした特徴は、本来なら中長期な観点からじっくりと保有すべき金地金による現物投資とは大きく異なる点です。一般の個人投資家レベルでは、取引の仕組みがわかりやすい現物取引が圧倒的に多くなっています。

そもそもこの金先物取引は、取引の仕組みや取引方法が複雑なため、一般の個人投資家（特に初心者）にはハードルの高い「**ハイリスク・ハイリターン**」の取引手法といえます。

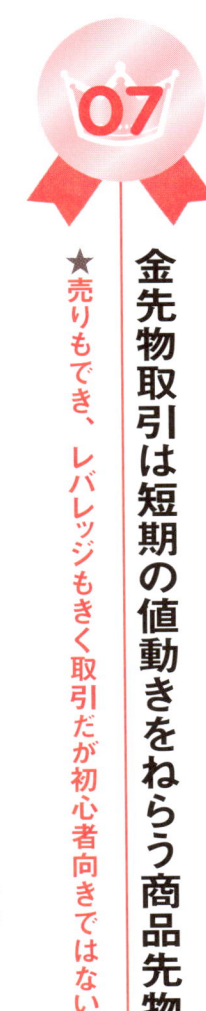

取扱業者は、第一商品などの商品先物取引業者が中心ですが、楽天証券などネット証券でも取り扱っています。

金先物取引はレバレッジがきく

少額の証拠金で大きな取引ができることを**「レバレッジ効果」**といいます。

2019年7月1日現在、東京商品取引所では「7万8000円」の証拠金（必要証拠金）を差し入れることで、「金地金1kg」（金現物換算で約526万円）の金先物取引を行なうことができます。この場合のレバレッジは「約67倍」（約526万円÷7万8000円≒67）になります。なお、**建玉と証拠金が10分の1からできる「金（ミニ）」**や決済期限のない**「ゴールドスポット」**（金限日取引）も行なわれています。

このレバレッジ（倍率）というものは高くなるほどリスクの度合いも高くなり、金価格が少し値下がりしただけでも「追証」（証拠金の追加差し入れ）が発生してくる点には十分な注意が必要です。

なおこの金先物取引の証拠金は常に一律ではなく、**商品取引業者ごとに必要証拠金が異なります。**またマーケット環境の激変や金価格の水準などによっても、そのたびに取引所により見直される（増額や減額される）ようになっています。

買い（強気）と売り（弱気）の両面からできる

金先物取引では、金価格の上昇が予想されるときは「**買建て**」からはじめますが、反対に金価格の下落が予想されるときは「**売建て**」からはじめることもできます。

ところが金価格が自分の予想とは反対方向に動いてしまうことも珍しくありません。この場合でも、少々の変動なら一時的な評価損の発生で済みますが、大きく変動すると評価損が拡大し、さらに評価損が一定額以上になると当該取引を継続（維持）するために**追証**（追加証拠金）の差し入れを余儀なくされます。そしてその時点で追証を差し入れられなければ、**強制的に決済（反対売買）**が行われ、損失を確定させられてしまいます。

またこの金先物取引には取引期限（最長でも約1年が多い）があります。金現物取引とちがい、この取引期限までの間に何らかの決済方法を選択しなければなりません（取引期限のない金限日取引もあります）。もちろんともに追証が発生することもあります。

金先物取引の決済方法は2つ

ところで金先物取引の決済方法には、①取引期限までの間に「反対売買」（買建て→転売、売建て→買戻し）により清算する方法（差金決済）と、②取引期限の終了時に清算する方法（現引き・現渡し：受渡決済ともいいます）の2種類があります。

①「反対売買」（差金決済）

単純に買付価格と売付価格の差額で清算し、その時点で損益（益金は受け取り、損金は支払い）を確定させる方法です。

②「最終決済」（受渡決済）

「**現引き**」（買い方）とは金の現物の買付代金を用意し、金地金を手元に買い取る方法です。この時点から現物の金地金を保有するのと同じことになります。その際に、すでに差し入れている証拠金や追証も買付代金に含めることができます。同じく「**現渡し**」（売り方）は、投資家（売り方）が現物の金地金を用意し、その売却価格に基づく売却代金を手元に受け取る方法です。

いずれにしても金先物取引は、資金に余裕（追証や現引きのための資金）をもちながら、より安全な取引（レバレッジを低くする）を心掛けるに越したことはありません。特に一般投資家は、レバレッジ効果というメリットばかりではなく、自分の予想と反対方向に動いた場合（大きなリスク）の備えを忘れてはいけません。

なお、取引ルールの詳細などは各商品取引会社によりちがいがありますので、各社のサイトなどでご確認ください。

08 金ETFなら株式と同じように手軽に取引できる

★投資対象が金地金か有価証券かなど商品性をよくチェックすること

ＥＴＦ（上場投資信託）は、一般の多くの証券投資信託と比べてどのような点が異なるのでしょうか？

ＥＴＦとは？

そもそも**ＥＴＦ**（Exchange Traded Faunds の略）とは、投資の成果が東証株価指数（ＴＯＰＩＸ）や日経平均株価（日経２２５）といった「株価指数」や、金・原油・貴金属・穀物といった「商品指数」に連動するように設定され、株式と同じように証券取引所に「上場」されて市場価格（時価）で売買される投資信託のことです。投資商品としてのメリットも多く、その市場規模は年々拡大の一途にあります。

◆ＥＴＦは上場株式と同じように取引できる

基本的には、上場株式と同様の方法で売買が行われます。①売買注文については、指値注文や成行注文ができ、また信用取引もできます。②売買単位（各株価指数×口数）については、日経平均株価連動型は１口単位や10口単位、東証株価指数（ＴＯＰＩＸ）連動型は１００口単位や10口単位、１口単位とファンドごとに定められています。
③売買手数料や信託報酬は、販売会社が独自に定めることになっています。売買手数料や信託報酬が他の多くの投資信託に比べ、かなり割安な点も大きな魅力です。
また、適用される税制についても、一般の多くの証券投資信託とは異なり、原則として上場株式と同様の制度が適用されます。つまり①分配金については「20・３１５％」の税率で源泉徴収が行われ、その後に「申告不要制度」（課税関係の終了）、「総合課税」（配当控除を受けられる）、「申告分離課税」（上場株式等の損失と通算ができる）の３種類の中から１つを選択することができます。

そして②売却益は「20・３１５％」の税率による「申告分離課税のみ」が適用されます。なお税制については第６章で説明しています。

最後に投資信託の「設定」に関して、ＥＴＦと一般の多くの証券投資信託との間の決定的な相違点について確認しておきましょう。

一般の多くの証券投資信託は、運用会社である投資信託委託会社のファンド・マネジャーが、株式市場や債券市場を通じて具体的な**有価証券**を売買することによりポートフォリオを構築しながら運用しています。

これに対して、**現物拠出型のＥＴＦ**の場合、たとえば株価指数（日経２２５）に連動するＥＴＦであれば、証券会社や機関投資家等の大口投資家が対象となる株価指数に連動するように選定された現物株式のポートフォリオ（指数に採用されている２２５銘柄）をファンドに拠出して、その代わりにファンドの受益権を取得するというかたちでファンドの設定が行なわれます。また反対に取得した受益権と現物株式ポートフォリオとをいつでも交換（双方向の交換ができる）することもできます。

金ＥＴＦの取引方法と留意点

ここでは代表的な金ＥＴＦの取引方法や特徴についてみてみましょう。

金ＥＴＦは、**運用の成果が金価格の動きに連動するように設定された投資信託**といえます。世界中の機関投資家や年金基金といった中長期の資金を運用する大口投資家の受け皿にもなっています。一方でヘッジファンドなどの短期的な資金の流出入に大きく左右されやすいという特徴もあります。

この金ＥＴＦは、証券会社などが窓口となって取り扱われています。その運用については、投資家から集められた投資信託財産で実際に現物の金を購入することにより運用され

●図5-12　現物拠出型ＥＴＦの仕組み

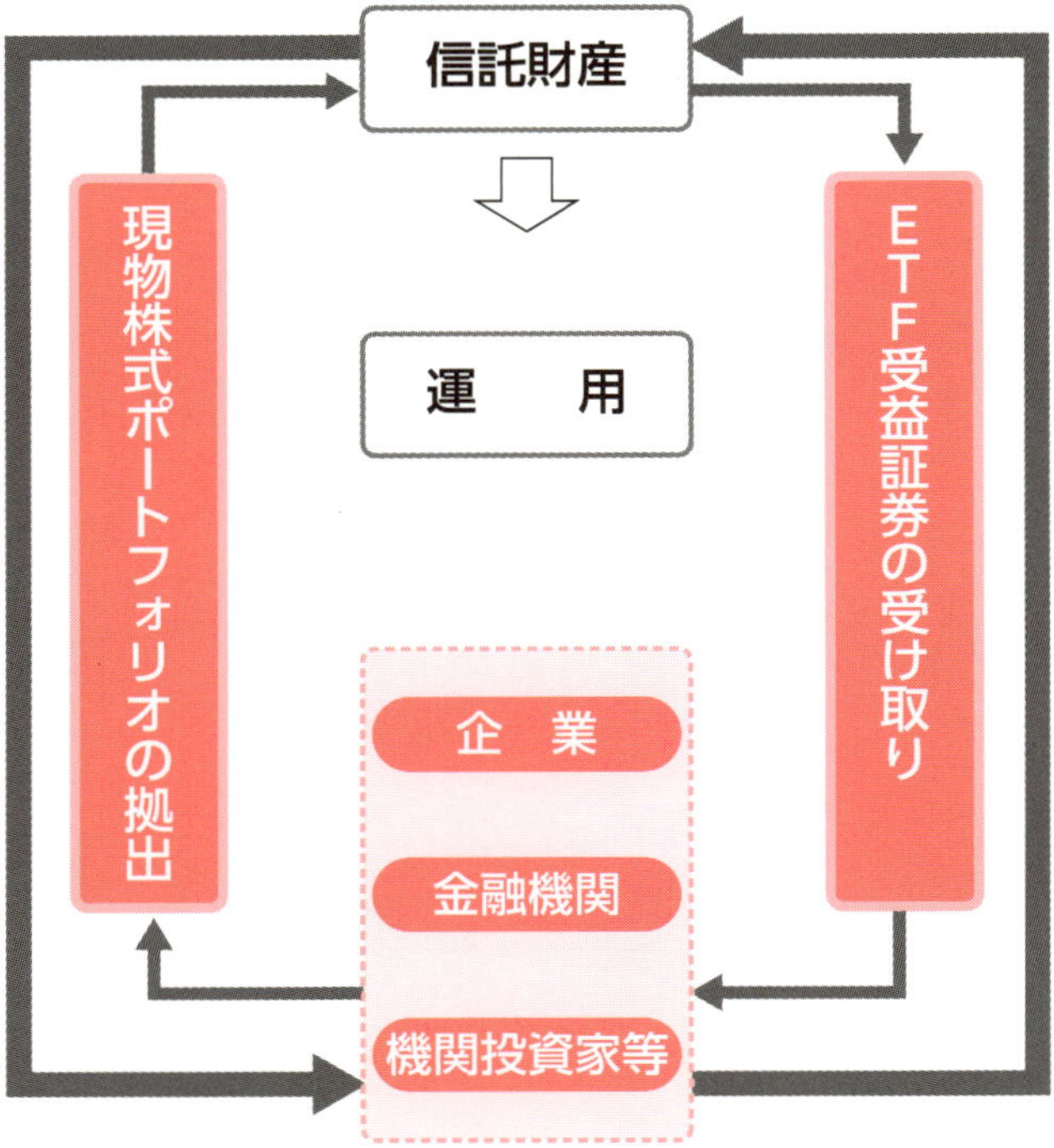

●現物株式の拠出→ＥＴＦ受益証券を受取る
●ＥＴＦ受益証券の提出→現物株式と交換
●市場での売買による運用は行なわない
●双方向の交換ができる
●コンピューター等の機械的な運用

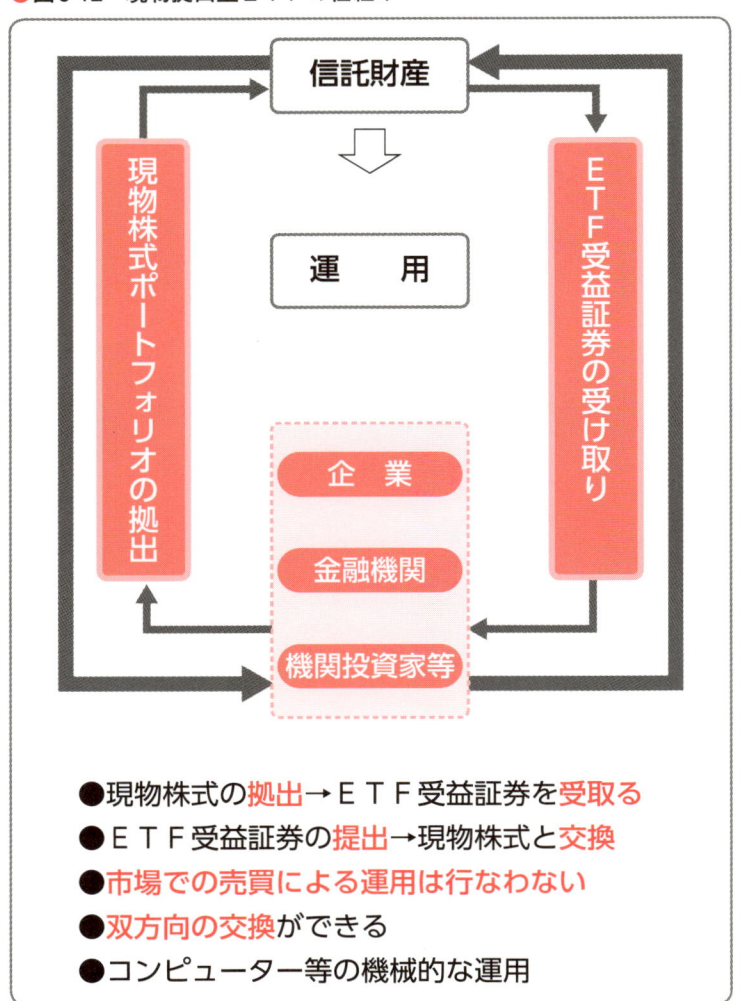

る、**現物の金の裏付けがある投資信託**でもあります。その中には一定の要件の下で、**投資家はいつでも現物の金地金と交換することができる商品**もあります。

また、金ＥＴＦは、制度上分配金を出せる仕組みの銘柄もありますが、実績として分配金を出した銘柄はありません。したがって、インカムゲインねらいではなく、証券市場において**値上がり益を目的とした売買対象**ということになります。

◆国際金価格が上昇すると純資産残高が増える

この金ＥＴＦ純資産残高の動向は、国際金価格の動向にもストレートに反映されます。具体的には、金ＥＴＦ純資産残高の増加は国際金価格の上昇要因ですが、反対に同残高の減少は国際金価格の下落要因でもあります。金ＥＴＦの純資産残高の推移は、このように、国際金価格との連動性が非常に高いことがわかります。

ところで、この金ＥＴＦは２００３年３月に、オーストラリアで最初に取引が開始され、その後の２００４年11月には米国（ＮＹ証券取引所・アメリカン証券取引所）、そして南アフリカ共和国のヨハネスブルグ、イギリスのロンドン、中東のドバイなどにも相次いで上場されています。

これらの主要な証券取引所の金ＥＴＦ残高の合計は、国際金価格が史上最高値（１９２

3ドル）をつけた2011年の1600トン超をピークに、その後の国際金価格の下落とともに、1300トン前後にまで減少しています。また2011年の第14半期（1～3月）には、著名な投資家のジョージ・ソロス氏が大量の金ETFを売却していたことが大きな話題にもなりました。ちなみに2011年9月には、国際金価格は1923ドルの史上最高値をつけています。

主な金ETFの銘柄

ここで代表的な金ETFの商品性についてみてみましょう。

◆純金上場信託（現物国内保管型）「愛称：金の果実」

まず三菱UFJ信託銀行が設定する『金の果実』シリーズというETFがあります。この貴金属ETFのラインナップには、純金、純プラチナ・純銀・純パラジウムの現物を裏付けとした銘柄があります。この中の**純金上場信託**（東証：1540）は、現物の金地金に交換できる日本で初めての貴金属ETFです。

この金ETFは、委託者（運用会社）を三菱商事とし、受託者（受託会社）である三菱UFJ信託銀行が現物の金地金を日本国内で保管・管理しています。このETFは一定口数以上で現物の金地金と交換（小口：1kg以上5kg以内で1kgの整数倍）することができます。ちなみに投資信託としての信託報酬は年0・432%（税込）となります。

また金地金に転換する際は、税込計算で、転換取扱手数料（5400円）、改鋳費用（2万1600円）、貴金属地金送料（3240円）、消費税相当額（金地金総額×8%）などの諸費用が必要になります（消費税率は2019年10月から10%の予定）。

◆スパイダーゴールド・シェア（SPDR）

スパイダーゴールド・シェア（東証：1326）は、円換算した金価格（ロンドン渡し金価格）との連動を目指す米国籍のETFです。NY証券取引所をはじめ、東証、シンガポール取引所など世界各地の証券取引所に上場されています。日本国内では金地金との交換はできませんが、現物金の裏付けがある投資信託であり、世界の機関投資家、年金基金、ヘッジファンドなどの大口投資家が活発に取引する世界最大の金ETFとなっています（2019年6月28日時点の純資産：約359億ドル。金保有量：約798トン）。

このSPDRの信託報酬は、年0・40%（税抜）となっています。

◆ETFS金上場投資信託

ETFS金上場投資信託（東証：1672）は、ロンドン地金市場協会の規格に基づく金地金の裏付けのある金のスポット価格との連動を目指す外国籍のETFです。外国法人の投資法人債券に該当するため、特定口座やNISAの対象外になります。ロンドン証券

●表5-7　国内で取引できる現物金の裏付けのある金ETFの例

商品名（コード）	SPDRゴールド・シェア（1326）	純金上場信託（1540）	ETFS金上場投資信託（1672）
上場取引所	東京証券取引所	東京証券取引所	東京証券取引所
連動対象	金地金価格（ロンドン渡し金価格）	国内金価格（ｇ・円単位の理論価格）	ロンドン金価格（ロンドン地金市場協会）
純資産総額（2019.6.28時点）	3兆8,762億円	759億円	―
売買単位	１口単位	１口単位	１口単位
信託報酬（税抜）	0.40%	0.40%	0.39%
売買手数料	上場株式と同じ	上場株式と同じ	上場株式と同じ
最低投資金額（2019.6.28時点）	14,410円	4,675円	14,660円
信託財産	金地金	金地金	金地金
現物交換	不可	一定の場合に可能	不可
特定口座	利用できる	利用できる	利用できない
NISA※	利用できる	利用できる	利用できない
備考	外国籍ETF	現物国内保管型	外国籍ETF。投資法人債券に該当するため、特定口座の対象外

※金ETFは制度上NISAの対象商品だが、実際の取り扱いは金融機関による

出所：東京証券取引所、各社資料など

取引所をはじめフランクフルト、アムステルダムなど欧州市場のほか、東証にも上場されています。投資信託としての信託報酬は0・39%（税抜）です。

その他にも、国内で買える金ETFとして、投資対象が現物金でないタイプの「金価格連動型上場投資信託」（東証：1328）、OneETF国内金先物（東証：1683）などの銘柄があります。

購入を検討する際は、**現物金の裏付けがある商品かどうかを含め、目論見書や販売用資料などで必ず商品性をよく確認する**ことが大切です。

第6章

金投資にかかる税金を知ろう!

01 金価格にかかる消費税は売却時には手元に戻る

★一般の個人でも金の売却時には消費税を受け取れる

ここでは、金投資と「大増税時代」の象徴でもある消費税との関係についてみてみましょう。

この消費増税の問題は、これからも財政再建に苦しむ日本の宿命として避けて通ることはできません。この消費増税を逆手に取ったなにかよい活用法はないものでしょうか？

実は金投資にそのヒントが１つあります。

相手が業者でも金の売買は一対一の相対取引

金地金・地金型金貨（コイン）・純金積立の購入時には、金価格に対する消費税が課せられます。金投資等は利息とは無縁の投資方法とはいえ、不動産（土地・建物）の取得時に課される不動産取得税や保有する不動産に対する固定資産税のような課税はありません。

２０１９年10月からの金価格に対する消費税率は「10％」です。ところが、この消費税は購入者が**金地金等を売却する際にも金価格に上乗せされて手元に戻ってきます。**一般の投資家が消費税を受け取る立場になるのは、この金の売却ぐらいではないでしょうか。

したがって購入時と売却時の消費税率が同じなら、消費税が直接的な売買損益に関わることはありませんが、売却時の消費税率が変更されていた場合には損失計算（税率の引き下げ）になることもあれば利益計算（税率の引き上げ）になることもあります。

どうせなら消費税引き上げ前に買う

たとえば、消費税率が8％のときに買った金地金等を売却する際の消費税率が20％に引き上げられていたらどうでしょうか？　仮に購入時と売却時の金価格が同じ場合、往復の売買手数料などを考慮しなければ、その消費税率の差額分（12％）が売却時の利益として手取額に上乗せされて戻ってきます。

つまりどうせ金を買うなら**消費税率が引き上げられる前に購入する**ことが、消費大増税時代の賢い資産運用法の1つになるというわけです。庶民にとって、社会制度の仕組みを逆手にとることも、ささやかな合法的手段の1つといえるのではないでしょうか。

現時点では、2019年10月には消費税率の10％への引き上げが決まっています。この消費税率の引き上げは、これで最後（打ち止め）というわけではありません。おそらく他の多くの国々と同様、将来的には20％前後まで引き上げられることになるでしょう。

●図6-1　消費税率と売買代金の計算例

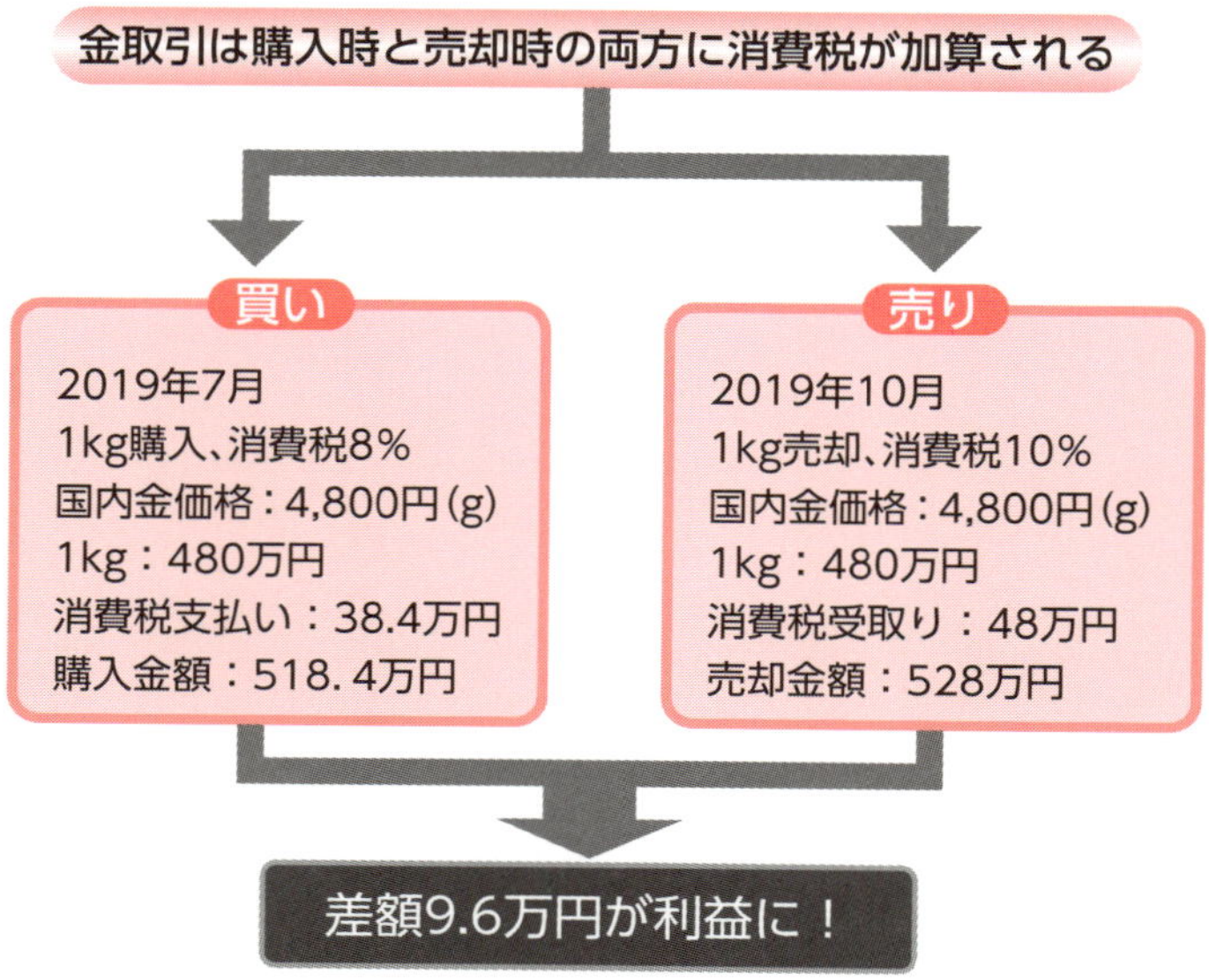

※売買手数料等は考慮せず、国内金価格は変わらないものとする

金現物投資と消費税

- 金取引の購入時に課税され売却時には受け取れる
- 消費税の税率の変更は損にもなれば得にもなる

　(購入時の消費税率＜売却時の消費税率 ⇒ ㊢)

　(購入時の消費税率＞売却時の消費税率 ⇒ 損)

- 大増税時代の有力な消費税対策ともいえる

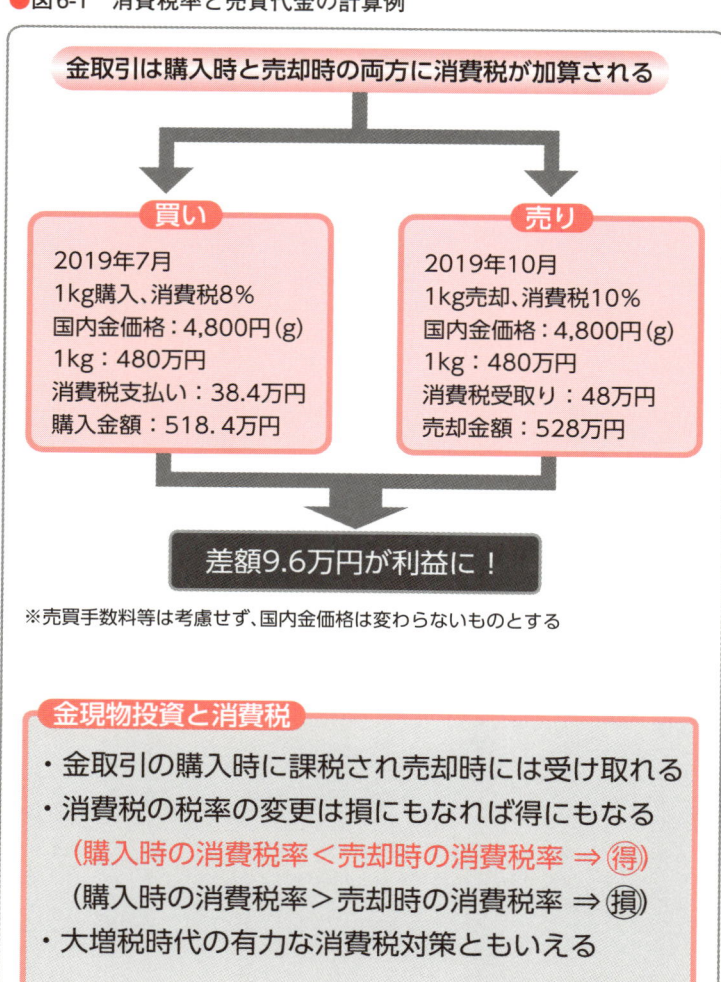

02

金地金・地金型金貨と純金積立の税金

★金を売って利益が出たら原則確定申告することが必要

同じ金投資の売買損益であっても、金地金・地金型金貨・純金積立の課税上及び税制上の取扱いが異なる点がありますので、確認しておきましょう。基本的に、金投資には利息がつきませんので「売却益のみ」が課税の対象になるだけです。このほか「売却損」に対する取扱いにも相違点や共通点があります。

金地金や地金型金貨の「売却益」

一般のサラリーマンなどが金地金を売って利益（譲渡益）が出た場合は**譲渡所得**に区分され、給料などその他の9種類の所得と合算（損益通算といいます）されて、**総合課税（確定申告）**の対象となります。そして所得税・住民税・復興特別所得税の3種類の税金が課されることになります。

ただし、金地金等の譲渡所得には後述するように**年間50万円までの特別控除（非課税枠**があります ので、金の売却益とその年の上場株式等や土地・建物などを除いた他の譲渡所得と合算した額が50万円を超えた部分が課税対象ということになります。

また「**売却損**」については、その他の9種類の所得との損益通算はできませんが、同じ譲渡所得（金地金・地金型金貨・美術品・ゴルフ会員権など）の売却益との**内部通算**（譲渡所得同士での**損益通算**）ができます。ただし同じ譲渡所得であっても、繰り返しますが上場株式等や土地・建物の売買から発生する譲渡所得との内部通算はできません。

◆金投資の売却益への課税方法は保有期間で異なる

金地金や地金型金貨の売却益は譲渡所得に分類されますが、その購入時から売却時までの間の保有期間（5年基準）により所得金額の計算方法が異なります。保有期間が「5年以内」は**総合短期譲渡所得**、「5年超」は**総合長期譲渡所得**となります。

◆金地金等の売却益に係る所得金額の計算

基本的に、金地金等の売却価額（譲渡価額）から買付価額（取得価額）を差し引いたものから、譲渡費用（手数料など）を差し引いた**ネットの売却益（譲渡益）**が譲渡所得となります。

次に、保有期間とは関係なく、まず年間の売却益（譲渡益）とその他の譲渡所得があれば、それらを合算した額から**特別控除額（50万円）**を差し引くことができます。

仮にこの段階で短期譲渡所得と長期譲渡所得の両方の所得がある場合でも、特別控除額は合わせて50万円までです。まず短期譲渡所得から優先的に控除し、残額があれば長期譲渡所得から控除することになっています。

したがって、他の譲渡所得がなければ、①保有期間が5年以内だけの場合は、売却益から特別控除額（50万円）を差し引いた後の金額が短期譲渡所得となります。また②保有期間が5年超だけの場合は、売却益から特別控除額（50万円）を差し引いた後の金額の「**2分の1**」が長期譲渡所得となります。

つまり、**金地金や地金型金貨の売却益が年間で50万円以下で、その他の譲渡所得等がなければ確定申告の必要はありませんので、実質非課税**となります。

純金積立の「売却益」

純金積立の「売却益」は原則譲渡所得に区分され、金地金と同様の扱いとなります。しかし、頻繁に売買を行なうなど営利目的の継続的な売買とされた場合の売却益は**雑所得**とされ、その他の9種類の所得と合算されて**総合課税（確定申告）**の対象となります。そして金地金などと同じく所得税・住民税・復興特別所得税が課されることになります。

また「売却損」については、雑所得の損失はなかったものとされてしまうため、その他の9種類の所得と合算（損益通算）されることはありませんが、同じ雑所得との間の内部

●図6-2　金投資の売買損益と課税方法

商品分類	金地金・地金型金貨	純金積立
所得分類	譲渡所得	原則譲渡所得（取引状況により雑所得）
課税方法	総合課税〔原則確定申告〕	総合課税〔原則確定申告〕
課税対象	売却益	売却益
内部通算の可否	内部通算が可能	内部通算が可能

↓

- 純金積立の売却益は原則金地金と同じく譲渡所得扱いとなるが、営利目的の継続的な売買とされた場合は雑所得とされ、総合課税の対象となる（確定申告）
- 純金積立の積立額と金地金や地金型金貨及びジュエリーなどとの等価交換には、その等価交換後の商品の税制が適用される
- ともに売却損は給与取得など他の所得との損益通算ができない
- 内部通算とは、同じ種類の所得との間で年間の利益と損失を相殺することをいう
- 金地金や地金型金貨の売却損は、同じ譲渡所得であっても株式や不動産の売却益との内部通算はできない（金地金・地金型金貨・美術品・ゴルフ会員権との間では可能）

通算（雑所得同士での損益通算）は認められています。
なお、純金積立の売却益が雑所得とされた場合は譲渡所得のような保有期間（5年基準）の適用はありませんが、給与収入が年間２０００万円以下の**給与所得者**で、その年の給与所得や退職所得を除いた所得の合計額が雑所得を含めて20万円以下であれば確定申告の必要はなく、その場合は**実質非課税**ということになります。

このほか純金積立は、金地金、地金型金貨、宝飾品、ジュエリーとの**等価交換**ができます。このような**等価交換を利用した場合の譲渡損益には、等価交換後の商品の税制が適用される**ことになります。たとえば純金積立を金地金や地金型金貨と等価交換した場合は、金地金や地金型金貨に適用される税制の対象になります。

金は保有期間が長い方が税制上有利になる

このようにみてくると、金地金や地金型金貨に対する投資は、中長期的な資金で行なう方が税制上有利になることがわかります。ただ純金積立については、売却益が雑所得とされた場合、必要経費の控除は認められていますが、金地金等に適用されている特別控除額（50万円）や長期譲渡所得に対する「2分の1控除」といった優遇措置はありません。

●図6-3　金地金等の譲渡所得の計算

●金地金・地金型金貨（売却益は譲渡所得 206ページ参照）

保有期間：５年以内（短期譲渡所得）

譲渡所得＝売却益（譲渡益）－特別控除（50万円）

※ 金以外の譲渡益がない場合

保有期間：５年超（長期譲渡所得）

譲渡所得＝{売却益（譲渡益）－特別控除（50万円）}÷2

※ 金以外の譲渡益がない場合

・金以外の譲渡益がある場合は、金の譲渡益とそれらを合算してから特別控除を差し引く
・特別控除は短期譲渡所得から優先して控除し、控除しきれず残額がある場合は長期譲渡所得から控除
・年間の金地金その他の譲渡益の合計が50万円以下なら確定申告は不要となる
・多額の金の売却益が出るような場合は、売却年度を分けることも有効な手段となる

●純金積立（売却益が雑所得とされた場合）

雑所得＝雑収入－必要経費
（純金積立の売却益－必要経費）

・売却益は雑所得として総合課税の対象となる
・給与所得や退職所得を除く他の所得と雑所得を合算した合計が年20万円以下なら確定申告の必要はない
・売買損は「なかったもの」とみなされる（内部通算はできる）

このため税金というコストだけから考えれば、金地金や地金型金貨の方に税制上のメリットがあるように思えますが、金の売買に対する税務当局の目にも厳しさが増しつつあり、たとえば金地金の売却代金が「２００万円」を超えると、販売業者から税務署に氏名やマイナンバーなどが記載された「**支払調書**」が提出され本人確認が行なわれることになっています。これまでの金投資に特有の秘匿性も今日では徐々に薄れつつあるようです。

こうした金投資に関する様々な留意事項に目を配りつつ、自分にとって売買コストがより安くなる方法を選択する知恵が求められています。マーケット・バリューやセンチメンタル・バリュー以外にも、広い意味でのコストという点にも着目する必要があります。

なお、金の税制の詳細は国税庁のホームページにも詳しく載っています。その他ご不明の点は税務署にお問い合わせください。

03

金ETFの税金は上場株式と同じ申告分離課税

★上場株式と同様に特定口座やNISA口座も利用できる

金ETFは、上場していることから、税制上も上場株式と同じ取扱いとなります。ただ金ETFには通常分配金がないので、売却益への課税のみが行なわれることになります。したがって金ETFの「売却益」には、20・315％（所得税：15・315％、住民税：5％）の**申告分離課税**が適用されます。

また金ETFの「売却損」については、他の上場金ETFや上場株式等（上場株式や株式投資信託など）の売却益との**損益通算**ができます。それでもなお引ききれない損失が残る場合は、上場株式等と同様、翌年以後3年間の当該損失の**繰越控除**ができます。

このほか窓口となる証券会社等で、**特定口座〈源泉徴収あり〉**を利用すれば、税務署への納税（確定申告）の必要がなくなります。ただし、この場合でも年間の損失の繰越控除を利用する場合の当該損失や還付請求を行う場合の確定申告（損益通算や損失の証明）はしておかなければなりません。

また**特定口座〈源泉徴収なし〉**を選択する場合は確定申告が必要になりますが、年間の

●図6-4　金ETFと税金

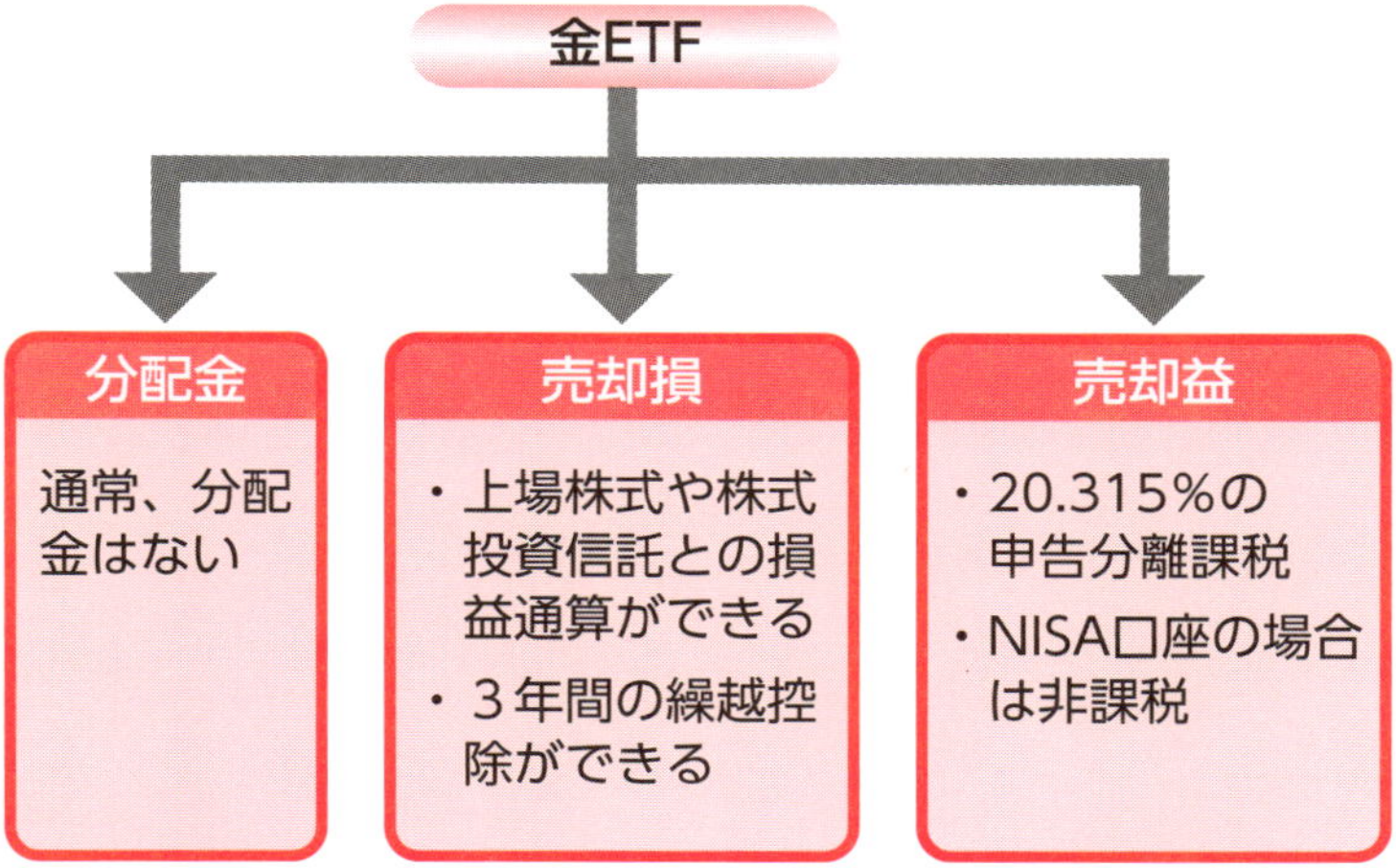
金ETF
分配金
通常、分配金はない
売却損
・上場株式や株式投資信託との損益通算ができる
・３年間の繰越控除ができる
売却益
・20.315％の申告分離課税
・NISA口座の場合は非課税

損益計算の明細を記載した年間取引報告書を添付するだけの簡単な確定申告（簡易申告）も認められています。

ちなみに特定口座以外の**一般口座**も利用できますが、年間の損益計算から確定申告までのすべての作業を自分一人で行なわなければならなくなります。したがって、年間を通して金ＥＴＦだけではなく上場株式等を頻繁に売買するような投資家の方は、特定口座を利用する方が無難です。

◆ＮＩＳＡも利用できる

なお、金ＥＴＦは上場株式と同様ですから、**ＮＩＳＡ（少額投資非課税制度）**を利用することもできます。ＮＩＳＡ口座の非課税枠（年１２０万円）で購入した金ＥＴＦの売却益は非課税となります。

04

知っておきたい金投資と相続・贈与

★平成27年1月から相続税・贈与税が改正された

ここでは、あまり金投資と関係がないようにみえる相続や贈与との関係について確認しておきましょう。

個人が死亡した場合、その人が自分の名義で所有していた財産は、原則としてすべて相続財産とみなされます。そして、それらの相続財産を相続する人（法定相続人や法定相続人以外の相続人）に対しては相続税が課されることになります。当然のことながら金取引（金地金・地金型金貨・純金積立・金ＥＴＦなど）にも適用されることになります。

平成27年から相続税が課税強化された

相続税の計算に当たっては、すべての相続財産の総額から一律に相続税の基礎控除額を差し引くことができます。この基礎控除額は、平成26年12月31日までは「５０００万円＋１０００万円×法定相続人の数」で計算していました。このため、すべての相続財産の総額が相続税の基礎控除額以下なら、原則として相続税が課されることはありません。

◆基礎控除額の縮小

しかし、この基礎控除額は、平成27年1月1日以後の相続から「3000万円＋600万円×法定相続人の数」と、大幅に減額（課税の強化）されています。こうした法改正により、相続税の課税対象となる被相続人が平成27年分は前年の2倍弱に急増しました。

たとえば2019年7月現在の相続財産の総額が8000万円、法定相続人を4人とした場合の相続税の基礎控除額は「3000万円＋600万円×4人＝5400万円」となります。この場合は、相続財産の総額（8000万円）が相続税の基礎控除額（5400万円）を2600万円も上回ることになるため、この2600万円が相続税の計算の対象となるわけです。

◆最高税率の引上げを含む税率構造の変更

さらに、平成27年1月1日以後から最高税率が50％から55％へ引き上げられるとともに、累進税率の構造が従来よりも課税強化の方向で変更されています。

もっとも実際の相続税の計算のプロセスにおいては、この相続税の基礎控除額以外にも、相続財産（土地・建物など）の評価減、生前贈与対策（暦年贈与や贈与税の配偶者控除など）、各種の控除（配偶者の税額控除など）、各種の特例（小規模宅地の評価減の特例）

●表6-1　相続税の基礎控除額と税率

●基礎控除額

改正前（平成26年12月末まで）	改正後（平成27年1月1日から）
5,000万円 ＋ 法定相続人の数×1,000万円	3,000万円 ＋ 法定相続人の数×600万円

●相続税の速算表（平成27年1月1日から）

各法定相続人の取得金額	税率	控除額
～1,000万円以下	10%	—
1,000万円超～3,000万円以下	15%	50万円
3,000万円超～5,000万円以下	20%	200万円
5,000万円超～1億円以下	30%	700万円
1億円超～2億円以下	40%	1,700万円
2億円超～3億円以下	45%	2,700万円
3億円超～6億円以下	50%	4,200万円
6億円超～	55%	7,200万円

※「各法定相続人の取得金額」とは、課税遺産総額（課税価格の合計額から遺産に係る基礎控除額を控除した金額）を法定相続人の数に算入された相続人が法定相続分に応じて取得したものとした場合の各人の取得金額をいう。

などがありますので、さらに相続財産の総額を大幅に減らすことができる場合も少なくありません。

詳しくは国税庁のサイトや税理士など専門家の助言なども参考にして、いろいろな相続対策を考えてみてはどうでしょうか。

金投資と贈与の基礎知識

ここでは相続対策としても利用される**贈与（生前贈与）**における留意点について、確認しておきましょう。

一般的に、贈与（生前贈与）は、相続人の納税資金の確保や生前に遺産分割（相続財産の減少）ができるという点で、わかりやすい相続対策ともいえます。もちろん金地金や地金型金貨も生前贈与の対象になることはいうまでもありません。

ただ、一定の要件や税制に基づいた贈与でなければ、財産を受け取った人に贈与税が課されます。そもそも贈与とは、財産を与える人（贈与者）と財産を受け取る人（受贈者）との間の契約行為です。したがって、口頭でも書面でも贈与契約に基づいたものであれば法的にも有効な贈与ということになります。

◆贈与契約書を作成する

まず①口頭による贈与契約の場合は、まだ履行されていない贈与契約については取り消すことができます。この贈与契約を取り消す場合、書面による取り消しが無難といえます。しかし②書面による贈与契約は、契約期間の途中で取り消すことはできません。

したがって書面による贈与契約が望ましいとされていますが、一括贈与（たとえば10年間の連年贈与）として贈与税の対象にならないようにするためにも、1年単位で贈与契約書を作成しておく方が安心です。

◆非課税枠は年110万円

ところで贈与については、贈与税の基礎控除（受贈者1人につき年間合計で110万円）の範囲以内であれば、贈与税は非課税です。このような贈与を暦年贈与ともいいます。た

●図6-5　贈与契約の留意点

- 暦年単位（1年単位）で受贈者1人につき110万円の基礎控除が適用される（暦年贈与）
- 贈与は口頭でも書面でも有効となる
- 口頭による贈与の不履行部分は取消しができる
- 書面による贈与は途中の取消しができない
- 書面による贈与契約は1年単位が望ましい
- 書面による贈与契約の取消しは書面で作成する
- 贈与税は累進税率が適用され税率が高い（相続税より高いこともある）
- たとえ基礎控除（110万円）の範囲でも、連年贈与は一括贈与とみなされることがある（1年ごとに贈与契約書の作成）
- 暦年贈与は基礎控除額が少なく贈与額には限界がある（相続時精算課税制度の活用も検討してみる）

だ、この非課税限度額の範囲内で毎年の贈与を考える場合は、**一括贈与とみなされないよう、毎年贈与契約書を作成しておく**ことをお薦めします。

また、この場合の贈与税は基礎控除額を超える部分の贈与財産に課せられます。累進税率が適用され、相続税より税率が高くなっています。なお、贈与税も平成27年以後の贈与から最高税率の引き上げや孫などが直系尊属（父母や祖父母）から贈与を受けた場合の税率構造の変更などの改正が行われました。

しかし暦年贈与だけでは非課税額に限度があることも事実で、こうした点を補ってくれるものの1つが相続時精算課税制度です。この方法であれば、1kgの金地金でも

●表6-2　贈与税（暦年課税）の速算表（平成27年1月1日から）

基礎控除後の課税価格	一般税率（一般贈与財産）＊	控除額	特例税率（特例贈与財産）※	控除額
～　200万円以下	10%	―	10%	―
200万円超～　300万円以下	15%	10万円	15%	10万円
300万円超～　400万円以下	20%	25万円		
400万円超～　600万円以下	30%	65万円	20%	30万円
600万円超～1,000万円以下	40%	125万円	30%	90万円
1,000万円超～1,500万円以下	45%	175万円	40%	190万円
1,500万円超～3,000万円以下	50%	250万円	45%	265万円
3,000万円超～4,500万円以下	55%	400万円	50%	415万円
4,500万円超～			55%	640万円

※　暦年課税の場合において、直系尊属（父母や祖父母など）からの贈与により財産を取得した受贈者（財産の贈与を受けた年の1月1日において20歳以上（令和4年4月1日以降は18歳以上）の者に限る。）については、「特例税率」を適用して税額を計算。

＊　「特例贈与財産」に該当しない場合に適用して税額を計算。
この特例税率の適用がある財産のことを「特例贈与財産」という。また、特例税率の適用がない財産（「一般税率」を適用する財産）のことを「一般贈与財産」いう。

非課税で贈与することができます。ただし暦年贈与との併用や途中での暦年贈与への変更はできません。

◆相続時精算課税制度

この制度は相続税と贈与税を一体化した制度であり、受贈者1人につき贈与額が2500万円までなら、生前に何回の贈与をしても非課税となります。ただ、デメリットもありますので制度の仕組みを十分理解して悔いの残らない選択をしたいものです。

この制度の特徴としては、贈与者が60歳以上の父母または祖父母で、受贈者は20歳以上（令和4年4月1日以降は18歳以上）の子または孫とされている点にあります。また受贈者は、父親と母親または祖父母の両方から別々に制度の適用を受けることができるほか、贈与財産の種類や贈与金額には制限がないこともメリットの1つです。

このほか贈与額が非課税限度額（2500万円）を超える部分に対しては一律20％の贈与税が課税されますが、暦年贈与の贈与税率が累進税率であることを考えれば、この制度における一律20％の税率は、かなり軽減されたものになる場合があります。

なおこの制度における一律20％という贈与税率は、将来的な相続時における相続税額から控除されるかたちで相殺されます。また、仮に相続発生前に支払った贈与税額の方が多ければ、還付請求することにより過払い分が還付されることになっています。

一方、この制度のデメリットとしては、贈与者の死亡により相続が発生した場合、生前にこの制度により贈与されたすべての財産を相続財産として持ち戻し、改めて相続税を計算するという点にあります。つまり生前の贈与財産の課税の先送りに過ぎず、当該制度を利用してもしなくても相続税の総額は変わらないということになります。またこの方法を一度選択すると取り消すことができず、暦年贈与の基礎控除額年110万円は使えなくなります。

その他、特例などもありますので詳しくは国税庁のサイトや税務署にお問い合わせください。

●図6-6　相続・贈与により金を取得したときの評価額（取得価額）

相続したとき	贈与されたとき
被相続人が死亡した日の店頭小売価格で評価	贈与契約が成立した日の店頭小売価格で評価

↓

相続や贈与により取得した金地金の売却の際の取得価額や所有期間は被相続人や贈与者が実際に取得した時の取得価額や所有期間を引き継ぐ

相続や贈与で金地金等を取得したときの評価

相続や贈与により取得した金地金等の評価方法はどうなるでしょうか。

相続や贈与の際の相続人や受贈者は、その相続財産や贈与財産の評価（**取得価額の決定**）をする必要があります。この評価額は、相続税や贈与税を計算する際の計算の基礎になります。もちろん金地金、地金型金貨、純金積立も対象になります。

◆金地金などを相続した場合の取得価額

相続の場合の金地金等の評価額は、**被相続人が死亡した日（相続開始日）の店頭小売価格**とされています。具体的には、相続開始日における国内金価格に購入時のスプレッド（片道手数料）及び手数料にかかる消費税を加算した金額となります。

ただし相続により取得した金地金等を売却する

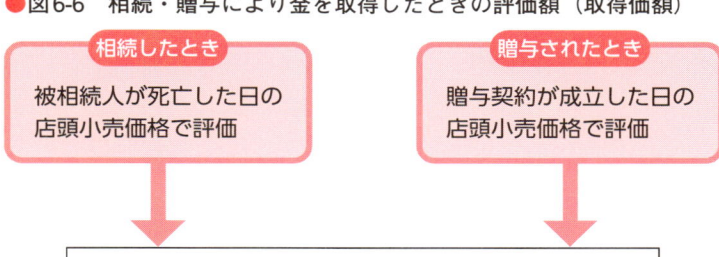

際の譲渡損益の計算の際には、原則その取得価額や所有期間は被相続人の取得価額や所有期間を引き継ぐことになります。ただし、限定承認により相続した場合は、相続人が取得したときの時価が取得価額とみなされます。

◆金地金などを贈与された場合の取得価額

また贈与による場合の金地金等の評価額は、**贈与（贈与契約）が成立した日の店頭小売価格**とされています。ただし、贈与により取得した金地金等を売却する際の取得価額や所有期間については、その贈与が成立した日の店頭小売価格ではなく、**「贈与者」が取得したときの実際の取得価額と所有期間を引き継ぐ**ことになっています。こうした取得価額や所有期間を間違えると売買損益の過大申告や過少申告となり、過少申告の場合には過少申告加算税や延滞税などが課されるので注意してください。

■著者紹介

植田　進（うえだ・すすむ）

横浜総合FP事務所代表。資産運用アナリスト。ファイナンシャル・プランナー（CFP）、一級FP技能士、テクニカル・アナリスト。横浜国立大学卒業後、証券会社で営業とファンドマネージャーに従事した後、独立し中立・第三者の立場から相談業務・教育研修業務・講演・執筆・コンサルティングなど幅広い分野で活躍。ＮＨＫ・テレビ東京・フジＴＶなどの生活情報番組等へのテレビ出演、マネー誌等への寄稿の他、主な金投資関連の著書には『金で確実に資産を殖やしなさい』（すばる舎）、『これ以上やさしく書けない金投資入門』（実業之日本社）、『ゴールドバブルの崩壊』（ビジネス社）など多数。

※本書は『安いうちに今こそ金を買いなさい』（2014年12月24日発行）を改題の上改訂し、新たに発行したものです。

いま金を買わずしていつ買うのか！

2019年８月８日　初版第１刷発行
2020年５月20日　初版第２刷発行

著　者　　植田　進
発行者　　伊藤　滋
発行所　　株式会社 自由国民社
〒171-0033 東京都豊島区高田3-10-11
http://www.jiyu.co.jp/
電話03-6233-0781（営業部）

本文DTP　　有限会社 中央制作社
印刷所　　横山印刷株式会社
製本所　　新風製本株式会社

装幀　　吉村朋子

本文イラスト等　　本文タイトル・見出しの王冠　ysnature / PIXTA（ピクスタ）
45、78、104、199pのゴールドバー　Happypictures / PIXTA（ピクスタ）
163pのゴールドバー　alexlmx / PIXTA（ピクスタ）
173pのゴールドバー　masa / PIXTA（ピクスタ）
180pの貸金庫　Dezay / PIXTA（ピクスタ）